U0574874

《〈关于建立健全生态产品价值实现机制的意见〉辅导读本》
主要编写人员

主　编：胡祖才
总撰稿：马　强
撰　稿：刘　强　　王　健　　刘峥延　　金田林
　　　　徐卫华　　徐　力　　朱　俊　　胡晓颖
　　　　刘桂环　　王帅军　　郑启伟　　王　琲
　　　　徐秉声　　陈莫非　　徐步朝　　崔　莉

《关于建立健全生态产品价值实现机制的意见》

辅导读本

国家发展和改革委员会 编写

胡祖才 主编

人民出版社

目 录

前　言

习近平总书记高度重视生态产品价值实现工作,将建立健全生态产品价值实现机制作为中央重大改革任务加以部署推进,并多次发表重要讲话指出,要积极探索推广绿水青山转化为金山银山的路径,选择具备条件的地区开展生态产品价值实现机制试点,探索政府主导、企业和社会各界参与、市场化运作、可持续的生态产品价值实现路径;要加快建立生态产品价值实现机制,让保护修复生态环境获得合理回报,让破坏生态环境付出相应代价。党的十九届五中全会和党的二十大都明确要求建立生态产品价值实现机制。建立健全生态产品价值实现机制作为推动生态文明建设领域全面深化改革的重大制度安排,对于探索走出一条生态优先绿色发展的新路子、建设人与自然和谐共生的现代化具有重要意义。

2021 年 4 月,中共中央办公厅、国务院办公厅印发实施《关于建立健全生态产品价值实现机制的意见》(以下简称

《意见》),对生态产品价值实现机制作出顶层设计,是我国首个将绿水青山就是金山银山理念落实到制度安排和实践操作层面的纲领性文件。为回应社会各界积极开展生态产品价值实现机制相关理论研究和实践探索需求,准确理解把握《意见》精神内涵和主要内容,国家发展改革委组织有关方面,围绕生态产品"难度量、难交易、难变现、难抵押"等"四难"问题,结合地方的有益探索实践,对《意见》提出的建立生态产品调查监测机制、建立生态产品价值评价机制、健全生态产品经营开发机制、健全生态产品保护补偿机制、健全生态产品价值实现保障机制、建立生态产品价值实现推进机制等"六大机制"进行了深入解读。

国家发展改革委将以习近平生态文明思想为指引,牢固树立和践行绿水青山就是金山银山理念,加快建立健全生态产品价值实现机制,致力于培育经济高质量发展新动力、塑造城乡区域协调发展新格局、引领保护修复生态环境新风尚、打造人与自然和谐共生新方案,为协同推进生态环境保护与经济发展、建设人与自然和谐共生的现代化贡献智慧和力量。

国家发展和改革委员会

二〇二二年十一月

第一章　总体要求

建立健全生态产品价值实现机制,是习近平总书记长期以来深入思考生态环境保护和经济发展辩证关系、创新树立践行绿水青山就是金山银山理念、着力推动实现经济社会发展全面绿色转型提出并部署推动的重大改革任务。在福建工作期间,习近平同志就曾指出,给生态投了钱,看似不像开发建设一样养鸡生蛋,但这件事必须抓,抓到最后却是养了金鸡、生了金蛋。2005年8月,时任浙江省委书记习近平同志在浙江安吉余村考察调研,首次提出"绿水青山就是金山银山"重要论述,强调既要绿水青山,也要金山银山,实际上绿水青山就是金山银山,本身,它有含金量。同年,在《浙江日报》发表文章指出,如果能够把这些生态环境优势转化为生态农业、生态工业、生态旅游等生态经济的优势,那么绿水青山也就变成了金山银山。2018年4月,习近平总书记在深入推动长江经济带发展座谈会上强调,要积极探索推广绿水青山转化为金山银山的路径,选择具备条件的地区开展生态产品价值实现机制试点,探索政府主导、企业和社会各界参与、市场化运作、可持续的生态产品价值实现路径。2020 年 11 月,习近平总书记在全面推动长江经济带发展座谈会上强调,要加快建立生态产品价值实现机制,让保护修复生态环境获得合理回报,让破坏生态环境付出相应代价。习近平总书记的系列重要讲话和指示精神,为建立健全生态产品价值实现机制提供了思想指引和根本遵循。

鉴于建立健全生态产品价值实现机制是一项开创性的改革任务和复杂的系统工程,涉及经济、政治、文化、社会、生态文明等多个领域及发展改革、财政、金融、自然资源、生态环境、水利、农业农村、文化和旅游、统计、林草等多个部门单位。因此,需要对其有准确的总体把握和顶层设计,才能确保取得实效。只有明确生态产品、生态产品价值、生态产品价值实现、生态产品价值实现机制等内涵外延,才能夯实建立健全生态产品价值实现机制的理论基础;只有全面理解建立健全生态产品价值实现机制的工作原则,才能合理高效推动生态产品价值实现;只有准确把握建立健全生态产品价值实现机制的战略取向,才能确保改革任务蹄疾步稳、有序推进。

一、建立健全生态产品价值
实现机制的内涵外延

生态产品及其价值实现机制是具有中国特色的概念,随着我国生态文明建设的理论和实践逐步深入,生态产品价值实现机制的内涵外延也逐步成熟清晰。

（一）生态产品

生态产品是我国生态文明建设的一个独特概念,国际上生态资产概念与之相近。一般而言,产品是指能够供给市场,被人们使用和消费,并能满足人们某种需求的任何东西,包括有形的物品、无形的服务。近些年来,随着人民生活水平不断提高,对美好生活的需要越来越多体现在优美生态环境等方面,而这些优美生态环境的获得往往要付出一些相应的直接或间接成本代价。同时,一些由自然生态系统提供的有形物品,如清洁水源,以及无形服务;如休闲娱乐,也进入了市场参与供给,直接满足消费者多样化需求。从这些角度出发,生态具有产品的属性,可以称之为生态产品。

2010年国务院印发《全国主体功能区规划》,将生态产品的概念界定为维系生态安全、保障生态调节功能、提供良好人居环境的自然要素,包括清新的空气、清洁的水源、宜人的气候等。经过多年来的理论研究和实践探索,生态产品的内涵外延也在不断深化延伸。目前,生态产品主要是指生态系统为经济活动和其他人类活动提供且被使用的货物和服务贡献,可分为物质供给、调节服务和文化服务三类产品。物质供给类生态产品主要是指,生态系统为人类提供并被使用的物质产品,如水产品、中草药、牧草、花卉等生物质产品;调节服务类生态产品主要是指,生态系统为维持或改善人类生存环境所提供的惠益,如水源涵养、土壤保持、防风固沙、海岸带防护、洪水调蓄、空气净化、水质净化、固碳、局部气候调节、噪声消减等;文化服务类生态产品主要是指,生态系统为提高人类生活质量所提供的非物质惠益,如精神享受、灵感激发、休闲娱乐和美学体验等。

(二)生态产品价值

在马克思主义政治经济学中,价值是商品特有的社会属性,商品是指用于互换的劳动产品。随着经济的发展,许多自然资源和非劳动产品也进入了交换领域,商品的概念也得到了进一步拓展和延伸。经济意义上的商品一般是指专门用来互换的产品,即生产者本身并不消费,而是向其他生产者互换自己需要的其他产品。从现阶段生态文明建设实际看,由生态系统提供的生态产品,特别是物质供给类和文化服务类生态产品,通过市场交换满足了各类主体对美好生态环境的需求,各类主体相应地通过劳动、资金等投入加强生态环境保护修复,保障了生态系统稳中向好和可持续利用,实现了产品的互换。从这个角度而言,生态产品也具有商品的类似属性,包括交换价值和使用价值。

换一个视角来看,由于长期以来将生态环境视为公益或准公益的属性,大家都认为可以不付出任何代价就理所当然地享用生态环境所带来的红利,甚至心安理得通过野蛮破坏生态环境而换来一时一地的粗放式增长,并不觉得保护生态环境需要付出成本、破坏生态环境需要付出代价。直到有一天我们难以享受到清新空气、清洁水源、宜人气候时,自然生态环境也已经难以承载人类经济社会发展重负时,我们才真正开始认识到生态环境的价值,重新审视良好生态环境本身蕴含的生态产品价值。特别是随着经济社会发展和人民生活水平提高,良好生态环境会越来越珍贵,不付出相应代价交换,就难以持续获得优质生态产品。

(三) 生态产品价值实现

良好的生态环境蕴含着无穷的价值,如果这些价值不能转化为实实在在的经济效益,那么生态良好地区无法通过保护生态环境获得合理回报,就难以彻底摒弃以牺牲生态环境换取经济一时一地增长的做法,经济发达地区也无法享受良好生态环境带来的惠益,生态环境保护和经济发展的矛盾关系也将进一步加剧。《意见》强调推动生态产品价值实现,实质上就是要在严格保护生态环境的前提下,通过合理的路径设计,将绿水青山中蕴含的生态产品价值"变现",促进生态优势转化为经济优势、生态效益转化为经济效益,让人民群众获得看得见、摸得着的收益,走出一条协同推进生态环境保护和经济发展的新路子。

生态产品价值实现主要有政府和市场两条路径。市场路径主要应用于产权明晰、具备私人物品属性的生态产品,政府路径主要应用于集体所有、具备公共物品属性的生态产品。具体来说,针对物质供给、调节服务和文化服务等三类生态产品,其价值实现路径主要可以分为以下三个方面。一是关于物质供给类生态产品。该类生态产品主要依靠现行的有效市场,通过交易直接实现生态产品价值。同时,在遵循市场供需规律的基础上,可通过建立生态产品认证和质量追溯体系,加强和完善品牌建设,提升生态产品溢价价值。二是关于调节服务类生态产品。该类生态产品具有明显的正外部性,主要依靠政府发挥主导作用,通过纵向转移支付、横向生态保护补偿、生态环境损害赔偿等方式,让生态产品受益者向生态产品提供者付费,实现生态产品价值。付费标准可依据生态产品价值核算结果、因保护而损失的发展机会成本等因素来确定。此外,良好的气候、温度等生态环境条件能显著降低部分产业经营成本。因此,可以依托良好的生态环境,通过市场机制适度发展数字经济、洁净医药、电子元器件等环境敏感型产业,形成产业成本优势,促进生态产品价值实现。三是关于文化服务类生态产品。该类生态产品主要依靠政府和市场双轮驱动,由政府加强生态环境保护修复、完善配套基础设施和基本公共服务设施,以及采取直接投资、智力支持、税收优惠等政策,鼓励引导市场主体在严格保护生态环境的前提下,通过合理配置辅助资源要素,因地制宜发展多元化经营模式,吸引生态系统游览者消费,实现生态产品价值。

(四)生态产品价值实现机制

生态产品价值实现涉及自然资源确权登记、政府绩效考核、生态保护补偿、市场经营开发、绿色金融服务、科学理论研究、专业学科建设等方方面面,既涉及理论创新与实践突破,更涉及制度创新,如果不能有效破解深层次体制机制障碍和制度藩篱,构建高效的理论实践创新体系和政策制度体系,就难以激发活力、形成合力,促进生态产品价值高效实现。如土地也是属于自然资源产出的一种形式,本身具有公益性或准公益属性,并不天然具有可用于交换的商品价值,但由于土地出让的创新制度设计,使其价值得到了变现并因地理区位、生态环境等外部条件的差异而实现了更大程度的溢价,也因为不同业态的加持激发出新的供给和增长点。建立健全生态产品价值实现机制,实质上就是要构建绿水青山转化为金山银山的政策制度体系,破除现行制度框架下的瓶颈制约,推进生态产业化和产业生态化,有效激发出良好生态环境本身蕴含的无穷的经济价值,使生态产品的价值得以变现,并结合其他非生态要素的配置以及不同业态的加持实现最大程度的溢价,引导形成生态环境保护和经济发展协同推进的新模式,培育推动生态产品价值实现的良性循环。

推动生态产品价值实现需要建立健全"六大机制",包括建立生态产品调查监测等"三大机制"和健全生态产品经营开发等"三大机制"。具体来说,一是建立生态产品调查监测机制,包括推进自然资源确权登记、开展生态产品信息普查等,这是价值实现的重要前提;二是建立生态产品价值评价机制,包括建立生态产品价值评价体系、制定生态产品价值核算规范、推动生态产品价值核算结果应用等,这是价值实现的关键基础;三是健全生态产品经营开发机制,包括推进生态产品供需精准对接、拓展生态产品价值实现模式、促进生态产品价值增值、推动生态资源权益交易等,这是充分发挥市场在资源配置中的决定性作用的价值实现路径;四是健全生态产品保护补偿机制,包括完善纵向生态保护补偿制度、建立横向生态保护补偿机制、健全生态环境损害赔偿制度等,这是更好发挥政府作用的价值实现路径;五是健全生态产品价值实现保障机制,包括建立生态产品价值考核机制、建立生态环境保护利益导向机制、加大绿色金融支持力度等,这是价值实现的重要支撑;六是建立生态产品价值实现推进机制,包括加强组织领导、推进试点示范、强化智力支撑、推动督促落实等,这是价值实现的组织保障。

二、建立健全生态产品价值
实现机制的工作原则

建立健全生态产品价值实现机制,需要正确把握以下四个方面的工作原则。

(一)保护优先与合理利用相统一

良好的生态环境能源源不断提供生态产品,是生态产品价值实现的前提和基础。建立健全生态产品价值实现机制,首先必须坚持保护优先,切实通过保护修复生态环境厚植生态产品价值实现的牢固根基。其次,要注重合理利用,统筹处理好生态环境保护和经济发展的关系,在保障自然生态系统休养生息的前提下,科学合理挖掘绿水青山蕴含的经济价值。与此同时,在各类生态产品经营开发活动中,要严守自然生态安全边界,坚决防止无序过度开发、破坏式开发。

(二)政府主导与市场运作相促进

推动生态产品价值实现涉及经济社会发展全面绿色转型,需要政府主导与市场运作的双轮驱动。政府主导主要是搭建基础平台、强化制度设计、完善市场监管、弥补市场失灵,通过统筹基础设施和基本公共服务设施建设、推进生态环境保护修复、实施转移支付和生态保护补偿等,推动生态产品价值实现。市场运作则是发挥市场在资源配置中的决定性作用,通过生态产品经营开发和生态资源权益交易等方式实现生态产品价值保值增值,最大程度提高生态产品溢价价值,推动生态产品资源最优化配置、效益最大化实现。

(三)系统推进与重点突破相统筹

建立健全生态产品价值实现机制是一项复杂的系统工程,难以毕其功于一役,必须坚持系统推进与重点突破有机结合。《意见》制定出台只是立起了生态产品价值实现机制的"四梁八柱"、作出了顶层设计、明确了工作方向,还有不少重点难点问题亟待突破。因此,一方面,要切实聚焦《意见》提出的"六大机制",从全局角度予以推进,增强各项工作的关联性和耦合性,形成价值实现整体合力。另一方面,要抓住主要矛盾和矛盾的主要方面,针对生态产品价值核算、市场化经营开发、保护补偿、绩效考核等方面重难点问题,采取有针对性的具体措施进行重点突破,有效破解阻碍生态产品价值实现的深层次制度瓶颈制约。

(四)借鉴经验与因地制宜相结合

建立健全生态产品价值实现机制,国内外已有了丰富的理论研究与实践探索经验,但也还有大量亟待深化探索的领域。因此,首先要将国内外在生态产品价值核算、政府绩效考核、金融支持服务等方面的好经验、好做法加以总结提炼，把已成熟、看得准的经验做法确定下来，加强学习借鉴和推广应用，并加以理论化、体系化、模式化。同时，要立足各地区自然资源禀赋条件和比较优势，因地制宜、精准施策，深入开展生态产品价值实现机制创新试验，进一步丰富完善生态产品价值实现理论体系和实践模式，真正推动生态产品价值实现机制落地见效。

三、建立健全生态产品价值
实现机制的战略取向

建立健全生态产品价值实现机制是一项全新的改革任务，事关我国发展理念、发展方式和发展动力的根本变革，需要准确把握其变革方向。综合考虑我国发展阶段、发展水平和发展需要，建立健全生态产品价值实现机制，实际上就是要致力于培育经济高质量发展新动力、塑造城乡区域协调发展新格局、引领保护修复生态环境新风尚、打造人与自然和谐共生新方案。

（一）致力于培育经济高质量发展新动力

习近平总书记指出，生态本身就是经济。人民群众对清新空气、清澈水质、清洁环境等生态产品的需求越来越迫切，生态环境越来越珍贵。这些潜在的需求如果能激发出来并拉动供给，就会成为新的增长点，形成推动经济发展的强大动力。

我国已进入高质量发展阶段，发展环境和条件正发生深刻变化，以牺牲生态环境和过度依赖土地、资源等要素投入的发展模式已难以为继，亟须探寻在保护生态环境前提下推动经济高质量发展的新动力。马克思和恩格斯指出，劳动加上自然界是一切财富的源泉。自然界为劳动提供原料，劳动将之加工成为产品。同时，良好的生态环境也能有效降低产品生产成本、提升产品溢价价值。因此，生态环境是生产力的必要条件和内在因素，保护生态环境就是保护生产力、改善生态环境就是发展生产力。生态作为一种新兴生产力，理应在高质量发展阶段成为支撑经济发展的不竭动力，形成保护生态、依靠生态、发展生态的良性循环，使绿水青山持续发挥出巨大的生态效益、经济效益和社会效益。近年来，我国在"+生态"产业的基础上进一步发展"生态+"产业，林下经济、水中经济、山上经济等生态农业模式不断涌现，依托生态优势发展的旅游、康养、养老产业呈现爆发式增长，生态工业凭借成本和产品优势不断抢占市场份额。生态产业化和产业生态化，作为绿水青山与金山银山间的一座桥梁，一方面，符合绿色发展等新发展理念的总体要求；另一方面，也满足了人民日益增长的优美生态环境需要，特别是生态环境越好，对于生产要素的吸引力、凝聚力就越强，对于消费者的吸引力就越大，产品的溢价水平就越高。

因此,建立健全生态产品价值实现机制,要致力于打通绿水青山与金山银山的转化通道,让良好的生态环境同劳动力、土地、资本、技术等生产要素一样,成为现代化经济体系的核心生产要素,将生态产品蕴含的潜在需求激发出来并转化为有效供给,依托生态优势发展生态农业、生态工业、生态服务业,培育绿色转型发展的新业态新模式,实现从"炒作土地"的负向发展方式向"经营生态"的正向发展方式转变,使提供生态产品与提供农产品、工业产品和服务产品一样具有经济效益,形成以生态产品价值实现为核心的生态经济新模式,培育经济高质量发展新动力。

（二）致力于塑造城乡区域协调发展新格局

2006年,时任浙江省委书记习近平同志在中国人民大学演讲时指出,绿水青山与金山银山的意义不仅仅在于生态环境本身,还可以延伸到统筹城乡和区域的协调发展上。在这个方面至少给我们两个启示。第一个启示是,工业化不是到处都办工业,应当是宜工则工,宜农则农,宜开发则开发,宜保护则保护。这"两座山"要作为一种发展理念、一种生态文化,体现到区域协调发展中,体现出不同地方发展导向的不同、生产力的不同、政绩考核的不同、财政政策的不同。第二个启示是,农村也有农村的优势,始终要有人把绿水青山转化为金山银山。党的十九大报告提出,中国特色社会主义进入新时代,我国社会主要矛盾已经转化为人民日益增长的美好生活需要和不平衡不充分的发展之间的矛盾。党的十九届五中全会提出,到 2035 年,全体人民共同富裕取得更为明显的实质性进展。党的二十大报告提出,中国式现代化是全体人民共同富裕的现代化。从我国现阶段发展实际看,不平衡不充分发展问题、共同富裕问题,集中表现在城乡区域协调发展方面,在农村最为突出。促进城乡区域协调发展、保障农村群众合理增收,是我国建设社会主义现代化国家、实现共同富裕必须解决的重要问题。

城乡区域协调发展不是平均发展、同质发展,而是各地区按照主体功能定位,发挥自身比较优势,宜农则农、宜林则林、宜牧则牧、宜工则工、宜商则商、宜游则游。一方面,我国农村地区往往是生态资源富集、生态产品供给丰富的地区,由于长期以来缺乏一套科学的保护生态、利用生态的发展模式,人民群众收入水平普遍较低,大多依靠政府"输血"托底,是我国实现共同富裕的重要短板地区。特别是长期的发展不平衡使得人民群众对发展的诉求和愿望越来越强烈,保护生态和经济发展的矛盾也越来越尖锐。另一方面,我国拥有全球规模最为庞大且在不断增长的中等收入群体,他们主要集中于城市地区,拥有较高的收入水平和科学文化素质,具有多样化和个性化的消费需求,更倾向于承担生态产品的溢价支出,同等条件下更愿意优先购买生态产品。如果能够将农村地区和重点生态功能地区的生态产品输出到城市化地区,那么这些生态优势也就变成了发展优势。立足新发展阶段,促进城乡协调发展、实现共同富裕,应着眼于挖掘农村地区和重点生态功能区蕴含的生态资源和生态产品价值,把资源变资产、资金变股金、农民变股东,将丰富的生态资源和生态产品转化为农民致富的生态产业,通过形成"生态保护—生态产品价值实现—绿色发展—共同富裕"的循环往复、并进共赢的"绿色闭环",逐步缩小与其他地区发展水平和收入差距,解决重点生态功能区发挥生态保护主体功能的"后顾之忧",解决农村人民群众"生态建设好是好,就是吃不饱"的困境,这是破解城乡区域发展不平衡不充分问题的核心,更是推动实现共同富裕的关键。

因此,建立健全生态产品价值实现机制,要致力于针对城乡以及不同主体功能地区人民对美好生活需要的差异性,推动城乡区域间供需精准对接、要素自由流动,引导各地区发挥比较优势,通过提供差异化产品和服务,塑造城乡区域协调发展新格局,带动农村居民借助生态优势就近就地致富,逐步弥补发展差距,形成良性发展机制,让提供生态产品的地区和提供农产品、工业产品、服务产品的地区同步基本实现现代化,人民群众享有基本相当的生活水平,并逐步实现共同富裕。

(三) 致力于引领保护修复生态环境新风尚

习近平总书记强调,生态文明是人民群众共同参与共同建设共同享有的事业,要把建设美丽中国转化为全体人民自觉行动。每个人都是生态环境的保护者、建设者、受益者,没有哪个人是旁观者、局外人、批评家,谁也不能只说不做、置身事外。良好的生态环境是最公平的公共产品,是最普惠的民生福祉,需要人民群众共同参与、共同建设、共同保护。

党的十九大报告指出,要构建政府为主导、企业为主体、社会组织和公众共同参与的环境治理体系。我国生态系统类型多样,森林、湿地、草原、荒漠、海洋等生态系统均有分布,但生态脆弱区域面积广大,脆弱因素复杂。生态环境的多样性、复杂性、敏感性,决定着政府难以成为生态环境保护的唯一主体,必须坚持走群众路线,最大限度调动广大人民群众的积极性、主动性、创造性,鼓励公众共同参与环境治理,培育节约适度、绿色低碳、文明健康的生活方式和消费模式,形成全社会共同参与的良好风尚,把建设美丽中国转化为全体人民自觉行动。同时,由于环境问题的关联性、综合性和不平衡性,也决定了环境治理需要协调跨区域、跨部门以及多元主体的利益关系。但从我国当前环境治理体系现状来看,各类主体参与生态环境保护的积极性和主动性明显不足,深层次原因主要是生态环境治理的成本分担和效益分配的"错位"。一方面,生态环境保护需要投入人力、物力和财力等直接成本用于生态系统功能维护、生态环境修复和环境污染治理,地方也会因严格的保护要求丧失一些潜在的发展机会,是预期性经济收益的损失;另一方面,由于生态效益的正外部性,需要付费的生态产品使用者往往不需要支付任何费用就可以获得良好的生态系统服务,导致保护修复生态环境难以获得合理回报,破坏生态环境无法付出相应代价。此外,长期以来我国环境治理体系以行政监管手段为主导、统一监督管理和分级分部门监督管理相结合,政府成为生态环境保护的主要责任主体,社会参与的多元化治理体系没有形成,企业等市场主体更多的是被动采取污染防治和清洁化改造等措施,削弱了环境治理能力。

因此,建立健全生态产品价值实现机制,要致力于建立生态环境保护者受益、使用者付费、破坏者赔偿的利益导向机制,疏堵结合推动生态环境标本兼治,让社会各界真正认识到绿水青山可以源源不断转化为金山银山,激励各方主动提升生态产品供给能力和水平,形成保护生态环境的思想自觉和行动自觉,营造政府、企业和社会各界共同参与生态环境保护的良好氛围,使保护修复生态环境变得"有利可图",实现从"要我保护"到"我要保护"的根本性转变,引领生态环境保护修复新风尚。

（四）致力于打造人与自然和谐共生新方案

习近平总书记指出,建设美丽家园是人类的共同梦想。面对生态环境挑战,人类是一荣俱荣、一损俱损的命运共同体,没有哪个国家能独善其身。保护生态环境,应对气候变化,维护能源资源安全,是全球面临的共同挑战。中国将继续承担应尽的国际义务,同世界各国深入开展生态文明领域的交流合作,推动成果分享,携手共建生态良好的地球美好家园。要深度参与全球环境治理,增强我国在全球环境治理体系中的话语权和影响力,积极引导国际秩序变革方向,形成世界环境保护和可持续发展的解决方案。

当前,全球环境性风险频发,生物多样性锐减、海洋污染、全球气候变化、淡水资源污染、土地资源污染等环境问题已经成为全球各国共同面临的难题。如何在发展的过程中同步保护好环境,实现生态环境保护与经济发展协同推进,是世界各国都在广泛探索研究的重要领域。发达国家通过高污染高能耗产业的转移实现了污染的转移,约70%的发达国家污染物和温室气体排放削减是通过产业转移实现的。但真正有利于全球人与自然和谐共生的绿色发展道路,绝不是西方发达国家"先污染后治理""边污染边治理""污染转移零和博弈"的老路,而是一条绿色、低碳、共赢、可持续的发展之路。发达国家受限于政治制度缺陷,难以聚焦体制机制作出根本性变革,集中力量攻克全球性环境难题。中国作为社会主义国家,具备集中力量办大事的制度优势,完全有信心、有底气、有能力以生态产品价值实现机制为抓手,提供协同推进生态环境保护和经济发展的中国智慧和中国方案。2017年,联合国统计司、联合国环境规划署、生物多样性公约秘书处等国际组织联合在中国、巴西、印度、墨西哥和南非5个国家推动开展自然资本核算和生态系统服务估价项目试点,取得了一系列阶段性重要成果。2022年,在系统总结国内外理论研究成果和实践探索经验的基础上,国家发展改革委、国家统计局联合印发《生态产品总值核算规范(试行)》,是国际上首个从国家层面给绿水青山贴上"价值标签"的纲领性文件,具有重要开创性意义,获得联合国等国际组织的一致认可。《自然》杂志总编辑斯基珀指出,中国开展的"生态系统生产总值"核算,就是科学研究可以在全球范围发挥重要作用的典型实例。特别是近年来,各地注重充分发挥我国集中力量办大事的制度优势,持续推动破解各类深层次体制机制障碍,系统开展各领域生态环境保护修复,协同配置土地、资本、技术、人才等各类要素资源,充分兼顾农民致富要求和市场主体利益诉求,积极探索政府主导、企业和社会各界参与、市场化运作、可持续的生态产品价值实现路径,切实将绿水青山源源不断转化为金山银山,使绿水青山产生巨大生态效益、经济效益、社会效益,已经取得了一系列成功经验做法。这些成功实践经验必将为全球不同地区协同开展生态环境保护和经济发展,进而实现共同富裕提供重要借鉴和样本方案。

因此,建立健全生态产品价值实现机制,要致力于进一步发挥我国集中力量办大事的制度优势,瞄准协同推进生态环境保护与经济发展的全球性难题,率先创建具有中国特色的生态产品价值实现制度体系,跳出先污染后治理、先破坏后修复的恶性循环,提供生态环境保护与经济发展相互促进、相得益彰的中国智慧和中国方案,增强我国在全球生态文明建设领域的话语权和影响力,打造人与自然和谐共生的新方案。

第二章 建立生态产品调查监测机制

　　建立生态产品调查监测机制，是生态产品价值实现的重要前提。如果不能明确生态产品有什么、有多少、由谁提供等基本信息，那么生态产品价值核算及价值实现就无法开展、"保护者受益"就无法兑现。建立生态产品调查监测机制，就是要通过自然资源前置性确权登记和信息普查，摸清生态系统所蕴含的生态产品数量、质量和权责归属等基础信息，为后续开展生态产品价值核算、经营开发、保护补偿、绩效考核等系列工作夯实基础，为推进生态资源变资产、资产变资本、资本变资金创造条件。

一、推进自然资源确权登记

自然资源确权登记是我国深化生态文明体制改革的一项重要举措。自然资源统一确权登记,重点是推进国家公园等各类自然保护地、重点国有林区、草原、湿地、大江大河重要生态空间确权登记工作,将全民所有自然资源资产所有者职责履行主体登记为国务院自然资源主管部门,逐步实现自然资源确权登记全覆盖,清晰界定各类自然资源资产产权主体,划清各类自然资源资产所有权、使用权边界。生态产品依附于自然资源所存在的自然生态系统,自然资源产权明确后,生态产品权责归属才能进一步规范确定。

(一)有序推进自然资源统一确权登记

为规范自然资源统一确权登记,建立统一的确权登记系统,推进自然资源确权登记法治化,推动建立归属清晰、权责明确、监管有效的自然资源产权制度,2016 年 12月,国土资源部、中央编办、环境保护部、水利部、农业部、国家林业局联合印发《自然资源统一确权登记办法(试行)》,并根据《自然资源统一确权登记试点方案》,选择青海三江源等国家公园,福建、贵州、江西等国家生态文明试验区,黑龙江大兴安岭地区和吉林延边等国务院确定的国有重点林区等作为试点区域,开展水流、森林、山岭、草原、荒地、滩涂以及探明储量的矿产资源等全要素的自然资源确权登记工作。经过试点探索,初步形成了自然资源确权登记工作流程、技术方法、标准规范,验证了自然资源确权登记的现实可操作性,也发现了在资源类型划分、登记单元确定、登记管辖和权利主体确定等方面存在的问题。

2019年4月,中共中央办公厅、国务院办公厅印发《关于统筹推进自然资源资产产权制度改革的指导意见》提出,要加快自然资源统一确权登记,总结自然资源统一确权登记试点经验,完善确权登记办法和规则,推动确权登记法治化。自然资源部会同相关部门在总结试点经验的基础上,坚持以下原则对原办法进行了修订。一是巩固已有制度成果。坚持以不动产登记为基础开展自然资源统一确权登记,在物权登记不重不漏的前提下,逐步实现自然资源确权登记全覆盖。二是强化改革协同。与自然资源资产管理体制改革、自然资源资产产权制度改革、国家公园体制改革以及统一调查、统一规划等改革相衔接,充分利用已有成果,提高自然资源确权登记效率。三是突出整体保护。落实山水林田湖草生命共同体理念,按照生态功能重要性确定登记单元,划定优先级。根据地表、地上、地下空间完整性,推进土地与自然资源立体空间整体登记。四是增强适用性。

对于试点反映的问题,有共识的尽量明确,做到有章可循,对于一时难以统一规定的事项,明确方向和原则,为地方创新预留接口。

2019年7月,自然资源部、财政部、生态环境部、水利部、国家林草局联合印发《自然资源统一确权登记暂行办法》,标志着我国开始全面实行自然资源统一确权登记制度,自然资源确权登记迈入法制化轨道。其中规定自然资源统一确权登记的工作目标以不动产登记为基础,充分利用国土调查成果和林草生态综合监测评价成果,首先对国家公园、自然保护区、自然公园等各类自然保护地,以及江河湖泊、生态功能重要的湿地和草原、重点国有林区等具有完整生态功能的自然生态空间和全民所有单项自然资源开展统一确权登记,逐步实现对水流、森林、山岭、草原、荒地、滩涂、海域、无居民海岛以及探明储量的矿产资源等自然资源的所有权和所有自然生态空间统一进行确权登记。2019年以来,自然资源部会同有关部门和省级人民政府积极推进国家公园体制试点区,以及部分国家重点林区自然资源确权登记,30个省(区、市)印发了自然资源确权登记工作方案,逐步分区域组织实施自然保护地等重要自然生态空间确权登记工作,自然资源统一确权登记工作有序推进。

专栏 2-1　福建省开展自然资源统一确权登记

为解决自然资源交叉重叠、权属界限不清、权利归属不明等突出问题,2016 年 10 月,福建省在晋江市率先开展自然资源统一确权登记试点,2017 年,进一步将试点区域扩大到厦门市和武夷山国家公园,并制定出台《福建省自然资源统一确权登记办法(试行)》。在试点基础上,2020 年出台总体工作方案,部署全面推进全省自然资源统一确权登记工作。

(一)结合土地利用现状,依托"一张图"解决自然资源体系难统一问题。试点区域依托最新土地利用现状调查成果,结合各类自然资源普查或调查成果,通过实地调查,查清登记单元内各类自然资源的类型、边界、面积、数量和质量等,建立自然资源类型与土地利用现状分类的对应关系,将国土空间范围内各类自然资源统一到土地利用现状"一张图"上,完整、清晰、准确界定自然资源的位置、分布、范围,形成自然资源调查图件和相关调查成果。在调查过程中,充分采用优于 0.2 米分辨率的高清航空影像作为辅助调查资料,对各资源管理部门的资源调查数据进行内业套合处理,有效提高了调查工作的效率和准确度。例如,晋江市在 2 个月内完成了过去用 1 年时间也难以完成的全域 744.34 平方公里的自然资源调查任务。

(二)基于不动产登记成果,依托"数据库联动"确保自然资源权属登记及时准确。自然资源调查成果入库时,采用不同图层记载各种资源管理部门对自然资源分类内容,与不动产登记信息管理基础平台实时联动,自动调取不动产登记的权属界线进行空间拓扑分析,将土地所有权范围边界作为确定自然资源所有权的重要依据,实现既能划清权属边界,又保持不同资源分类标准并存。同时,实现自然资源调查成果与不动产登记成果的联动更新,自动提取登记单元范围内的不动产权利信息,在自然资源登簿时,记载入自然资源电子登记簿"关联不动产权利"内,确保自然资源登记簿信息的时效性和准确性。

（三）坚持生态优先原则,解决生态要求不落实问题。坚持将生态保护要求与自然资源统一确权登记相结合。一方面,以生态功能相对完整、集中连片为标准,划定重点自然资源单元,予以特殊保护;另一方面,积极拓展自然资源登记簿内容,在明晰产权基础上,将空间规划、生态红线、用途管制、特殊保护等相关要求,在自然资源登记簿上加以记载,明确自然资源的保护性、限制性、禁止性条件,为自然资源科学保护与合理开发利用提供依据。

统一确权工作开展以来,晋江市、厦门市、武夷山国家公园的自然资源统一确权登记国家试点,已通过自然资源部的评估验收。福建省全面完成了全省行政区域内有明确批准界线的36个自然保护区、26个风景名胜区、8条河流干流和主要支流的权籍调查。通过开展自然资源统一确权登记,摸清了自然资源权属家底,对调动权利主体在保护自然资源中的积极性,推动自然资源的保护和监管,加强自然资源有效保护和开发利用,发挥了重要的基础性作用。

(二)丰富自然资源资产使用权类型

在推进自然资源统一确权登记、明确山水林田湖草沙等各类自然资源资产所有权基础上,依照自然资源资产产权保护相关法律法规规定以及生态环境保护的要求,通过出让、转让、出租、抵押、入股等形式丰富自然资源资产使用权类型,发挥市场配置资源的决定性作用,引导各类市场主体积极参与自然资源资产经营开发,能够有效提升自然资源保护和开发利用效率,推动生态产品经营开发和自然资源权益交易。

自然资源资产出让是指自然资源资产所有权人将使用权在一定年限内让与自然资源资产使用者,并由使用者支付使用权出让金的行为。目前在国有土地、国有矿业权、集体林权等领域应用较为广泛。

自然资源资产转让是指自然资源资产使用权人按照一定的程序,通过招标、拍卖、协议等方式,将使用权有偿或无偿进行转移的行为。目前在海域使用权、探矿权、采矿权、取水权等领域已有实践探索基础。

自然资源资产出租是指自然资源资产使用权人作为出租人,将使用权通过出租给承租人使用并收取租金的行为,一般分为出让取得自然资源资产使用权的出租和划拨取得自然资源资产使用权的出租。目前主要有划拨国有土地出租、集体资源资产出租等形式。

自然资源资产抵押是指债务人或第三人向债权人提供自然资源资产使用权作为清偿债务的担保的行为。自然资源资产使用权抵押关系成立后,债务人到期不能履行债务时,债权人需申请人民法院拍卖作为抵押物的自然资源资产使用权,以拍卖款抵偿债务。目前各地开展的水权、林权等使用权抵押以及"古屋贷""两山贷"等模式正是这方面的实践探索。

自然资源资产入股是指自然资源资产使用权人将拥有的自然资源资产按照一定计算规则折算为资本入股市场经营开发主体,并根据持有股份情况获取经营开发主体收益分红的行为。目前各地正在探索利用集体建设用地、集体林地等作价入股的方式参与市场经营并获得一定收益分红。

二、开展生态产品信息普查

生态产品信息普查是在推进自然资源确权登记的基础上,进一步准确掌握生态产品基础数据信息。开展生态产品信息普查,要基于现有调查监测体系,摸清生态产品数量、质量等底数,对数据进行筛选、分类和整合,形成具备系统性、科学性、完整性的生态产品目录清单和信息云平台,为下一步推动生态产品经营开发、保护补偿等工作打下坚实基础。

（一）形成生态产品目录清单

制定形成生态产品目录清单，是开展生态产品信息普查的关键任务。要基于我国现有的水环境、空气质量、森林、草原、湿地、荒漠等自然资源和生态环境调查监测体系，参照生态产品认证评价标准，利用网格化监测手段，对各类生态产品数量和质量进行摸底调查，逐步构建形成有效覆盖物质供给、调节服务、文化服务等三类生态产品的目录清单。生态产品目录清单是生态产品数量分布、质量等级、功能特点、权益归属、保护和开发利用等情况信息的集合，主要有两个方面作用：一是为开展生态产品价值核算奠定基础，确保核算结果全面真实可应用；二是为生态产品消费者和经营开发者提供有效指引，促进生态产品供需精准对接。

上世纪 50 年代以来，我国开始逐步建立森林、水、土地、大气、生物多样性等各类自然资源和生态环境调查监测体系。其中，自然资源调查包括基础调查和专项调查，自然资源监测包括常规监测、专题监测和应急监测，生态环境监测包括环境质量、污染源和生态状况监测。改革开放至今，我国共开展了 3 次全国国土（土地）调查、1 次全国地理国情普查、9 次全国森林资源清查、2 次全国草原资源调查、2 次全国湿地资源调查、3 次全国水资源调查、6 次全国荒漠化和沙化调查、4 次岩溶地区石漠化调查等工作。目前,我国已初步建成了陆海统筹、天地一体、上下协同、信息共享的监测网络,涵盖森林、草原、湿地、荒漠等各种生态系统,为制定生态产品目录清单提供了有力支撑。

生态产品目录清单应本着"少而精"的原则,在开展实践探索的基础上,有针对性地明确生态产品的数量、质量等内容。特别是生态产品质量信息,要根据生态产品的获得对自然生态环境的扰动程度进行细分,以确保生态产品的获取基于对自然生态环境的最严格保护。举例来看,物质供给类产品可探索依据人类活动对环境的扰动程度,分为三级,其一是以原生境条件为主,自然生长的产品;其二是以良好的生态系统为主,人放天养、自繁自养的产品;其三是生长过程有人为参与,但人类活动利于生态系统保护修复的产品。在此基础上,可继续将其细分形成若干小类。

专栏 2-2 黑龙江省大兴安岭地区结合制定生态产品目录清单探索生态产品价值实现路径

大兴安岭地区地处黑龙江省西北部,拥有我国面积最大、纬度最高、国有林最集中、生态地位最重要的森林生态功能区,森林覆盖率近 80%,生态产品类型丰富、质量上乘。近年来,大兴安岭地区立足自然资源禀赋优越、生态环境优美、生态产品富集的优势,选择了典型且最具大兴安岭地区特色的蓝莓、偃松仁、黄芪为先行产品,通过制定"一个认证标准"、编制"一张目录清单"、建立"一套追溯体系",系统设计推进"认证标准+目录清单+精深加工+质量追溯"为一体的生态产品价值实现路径,形成了可供借鉴参考的经验做法。

首先,制定"一个认证标准"。大兴安岭地区借鉴国际相关领域的制度与实践(如雨林联盟认证标准、瑞士良好棉花倡议、良好农业规范等),从生态可持续、社会可持续和经济可持续三个方面,以"原则+指标体系"为总体结构,制定了《大兴安岭生态产品认证标准》,据此确定蓝莓、偃松仁、黄芪三种物质供给类Ⅰ级生态产品认证标准,并为其他生态产品标准认证提供了可应用模式。同时,制定出台《大兴安岭生态产品认证实施通则》,提出大兴安岭生态产品认证方法,并以"自我声明+现场审核+认证结果评价与批准+获证后监督"为主要模式开展生态产品认证。最后完成《大兴安岭生态产品认证报告》,确认大兴安岭生态产品的认证结果,内容包括生产公司的名称、地址、负责人和受认证的产品,以及认证机构的名称、联系人、证书编号等,认证结论包括阐述审核的过程、主要发现、良好实践和改进建议等。

其次,编制"一张目录清单"。以自然资源确权登记为先导,开展自然资源统一确权登记试点工作,基于现有自然资源调查体系,全面开展生态产品基础信息调查,摸清各类生态产品数量、质量等底数,为编制生态产品目录清单奠定基础。根据生态产品调查监测报告显示,大兴安岭地区现有储量分布的野生经济植物资源达 49 种,其中,经济价值高、分布范围广的有 24 种。依据《大兴安岭生态产品认证标准》,遴选出市场认可度高、比较优势明显、生产加工基础好、易于实现生态产品价值的蓝莓、偃松仁、黄芪三种物质供给类产品及以其为原材料精深加工而成的多种产品,编制形成《大兴安岭地区先行生态产品目录清单》。基于目录清单,制定了《大兴安岭地区生态产品总值(GEP)核算指南与技术办法(地方标准)》,首次提出符合大兴安岭地区特点的生态产品价值核算参数,以及将冻土、冰雪等纳入核算科目的建议,得到了业内专家的认可。

再次,建立"一套追溯体系"。为保障生态产品品质,进一步提升在消费者心目中的信誉度,大兴安岭聚焦生态产品全流程管控目标,全面启动生态产品质量安全追溯体系建设。制定《大兴安岭生态产品追溯管理平台方案》,明确了需求方案设计、后台开发、界面设计、二维码读取开发等重点任务。目前,平台搭建正稳步推进,已完成生态产品追溯系统需求分析和平台原型设计,正在开展后台软件开发等工作,下一步将加快推动追溯平台建设,尽快投入运营。

最后,系统推进生态产品增值溢价。采用"注册商标+产品标识"方式重新设计品牌形象,全面提升大兴安岭生态产品知名度,即利用已有的"大兴安岭"红色方戳注册商标与重新设计的品牌 Logo 共同组成"大兴安岭生态产品"品牌形象,既体现了大兴安岭山脉、黑龙江等地理特征,又显现出森林、中草药、浆果、驼鹿等丰富的野生动植物资源,为品牌溢价并增值收益奠定了基础。此外,针对不同类型生态产品采取差异化价值实现模式,科学合理推动生态产品价值实现。在种养收集环节,采取原生态种养模式,确保人工采集严格遵守物种自然发育规律,根据作物成熟季有序组织采收;在价值实现环节,对于蓝莓、偃松仁、红豆等,科学运用现代食品先进技术实施精深加工,其中蓝莓、红豆精深加工产品多达20余种,包括果酒、果汁饮料、乳制品、糖果、果酱、干果、烘焙食品、保健品和化妆品等,偃松仁精深加工制品也有偃松仁粉、偃松露饮料、偃松籽油、松仁糖果等近20余种,产品远销北京、上海、杭州、广州、西安等地,并出口韩国、日本、东南亚等地区;对于黄芪等无需精深加工的生态产品,采摘后只经过清洗、晾晒、切片等简单处理,即用于茶饮、食补和医用;在过程控制和质量管理环节,实施灭菌、真空包装等措施,实现零污染、零添加、锁鲜保营养,产品包装、运输、仓储均符合国家标准要求;在销售环节,建立了"互联网+地面旗舰店"、微商、微店立体的多元化营销模式,着力推动生态产品供需精准对接。

(二)建立生态产品信息云平台

生态产品信息云平台是根据生态产品目录清单,通过对生态产品各类相关信息进行动态监测,并将数据加以系统集

成的开放共享平台,有利于提升生态产品信息的时效性、开放
性,促进生态产品价值保值和及时转化。要建立生态产品动
态监测制度,及时跟踪掌握生态产品数量分布、质量等级、功
能特点、权益归属、保护和开发利用情况等信息,为建立开放
共享的信息云平台提供技术和数据支撑。

　　生态产品信息云平台主要具有以下功能:一是数据资源
上的多部门联动功能。有效集合多部门涉及生态产品的数据
资源,同时可根据实际需要新增数据来源、获取渠道及其责任
部门。二是根据权责和利益相关方合理划分使用权限功能。
不同部门、不同用户在生态产品信息云平台上掌握不同的场
景使用权限,如业务管理部门根据事权划分权限,行政区管理
部门根据行政区划分权限,企业组织和个人根据与生态产品
信息云平台的业务关联赋予相关权限。三是生态产品信息的
展示功能。主要包括生态产品数量分布、质量等级、功能特
点、权益归属、保护和开发利用情况等。四是生态产品数量、
质量与价值的分析功能。主要包括数据采集、变化趋势、质量
和价值评估、风险预测等。五是生态产品的交易信息展示及
部分交易功能。对于物质供给类、文化服务类和调节服务类
生态产品,可以探索依托生态产品云平台进行交易,并展示交
易信息及结果。六是对于已经建立生态信用积分类信息的地
区,可提供生态信用积分的查询功能。七是当地生态产品相
关重要文件及政策信息公示功能。

　　构建完善的生态产品动态监测制度,应主要包括以下几

方面制度:一是自然资源监测、生态环境监测、气象监测的技术、资源和数据的共享制度,消除信息孤岛,最大化利用现有监测体系,并通过查漏补缺不断加以完善。二是监测的周期化、常态化制度,核算原始数据的常态化抄送制度,生态产品交易状态报送制度。生态产品监测一般一年开展一次,技术可行的地方可以根据实际需要适当提高频率。对于进入市场交易的生态产品,要根据交易频率追踪生态产品的数量、质量及权属变化。三是监测技术层面制度,主要依托遥感数据和地面监测数据实现对调节服务类生态产品数量、质量和空间分布的评估;主要依托遥感数据、地面监测数据、市场交易数据实现对物质供给类生态产品的评估;主要依托部门调查数据、社会调查数据以及网络大数据实现对文化服务类生态产品的评估。四是监测数据汇总制度,依托现代化的生态产品动态监测网络和平台,包括高频遥感数据采集网络、地面数据监测网络、大数据分析平台、生态产品信息展示平台等,对生态产品相关监测数据加以汇总,保障生态产品动态监测制度的落地实施。

专栏 2-3　浙江省丽水市打造数字化生态服务平台
助力"两山"转化

丽水市创新运用卫星遥感大数据,通过构建科学统筹的生态治理数字底座和高效精准的环境监测体系,打造了全域可感知、可管控、可评价、可转化的"天眼守望"数字化生态服务平台,对及时有效掌握自然资源状况和生态环境质量、打通绿水青山向金山银山转化通道、推动生态产品价值实现起到了重要的支撑作用。

首先,借助"天眼",摸清全域生态数字底座。综合利用20余颗国产遥感卫星,获取覆盖丽水市全域的多源异构遥感数据,打通气象监测、地表水交接断面自动监测、空气质量监测、自然资源一体化管理等15个业务系统,汇聚卫星遥感、省级回流、市级业务系统三条路径,归集社会、经济、监测、规划等四大类数据,构建"一库(生态资源数据库)、一图(全市域三维地图)、一箱(智能算法工具箱)"数据支撑底座,实现对大气质量、水质环境、地质状况、地表覆被等不同要素进行精确感知。

其次,"三步"监管,实现生态科学治理。第一步,创新"天眼(卫星遥感大数据)+地眼(生态感知物联网)+人眼(网格化基层治理平台)"三位一体生态数字治理模式,对全域生态底数及变量进行实时监测和获取。第二步,通过"卫星遥感+在线监测+日常巡查+群众举报",实现生态环境全方位监测、全天候预警。第三步,结合丽水"花园云"协同系统,将问题事件处置过程及办结信息直接同步推送至市公共信用系统进行综合评估,实现"监测—分析—预警—处置—反馈—评估"全闭环,提前感知、自动分析生态环境质量变化趋势,为生态安全预警及高效处置提供决策辅助。通过"三步"监管,已预警生态领域问题事件 4216 件,处置率达 100%。同时,可实现大幅度降低监测成本,以地质灾害监测为例,利用"天眼"可覆盖全市 1956 处一般风险防范区,相较安装地表监测设备,可一次性减少监测成本 1.3 亿元。

最后,精准核算,有力支撑"点绿成金"。"天眼守望"数字化生态服务平台采用国产高分辨率卫星遥感数据和各政府部门监测数据,运用水量平衡法、水土流失方程等核算生态产品实物量,运用直接市场法、替代市场法等模型核算生态产品价值量,为生态产品总值精准核算及结果应用等提供数据支撑,目前可支持任意地区进行核算,并自动生成核算报告、一键发布交易需求,部分关键数据做到一月一更新。

第三章 建立生态产品价值评价机制

建立生态产品价值评价机制,是生态产品价值实现的关键基础。如果不能将绿水青山所蕴含的金山银山价值科学合理评价出来,那么价值实现就是无本之木、无源之水。建立生态产品价值评价机制,就是要在摸清生态产品基础信息的基础上,构建一套科学规范的价值评价体系,合理度量生态产品价值,给绿水青山贴上"价值标签",并推动价值核算结果作为各类生态产品价值实现路径的基准和依据。

一、建立生态产品价值评价体系

通过构建一套科学规范、各方认可的价值评价体系,系统破解现有生态产品价值核算统计基础不牢、体系不全、数据来源不一、价值核算结果认可度不高、应用程度不强等问题,能为政府主导和市场化价值实现路径提供标准依据。建立生态产品价值评价体系,要针对生态产品价值实现的不同路径,探索构建基于行政区域单元生态产品总值和特定地域单元生态产品价值两套评价体系,建立覆盖各级行政区域的生态产品总值统计制度和体现市场供需关系的生态产品价格形成机制,将生态产品价值核算基础数据纳入国民经济核算体系,为下一步生态产品价值核算结果应用奠定技术条件。

(一)构建两套评价体系

构建基于行政区域单元的生态产品总值(GEP)评价体系。此评价体系主要是针对于政府应用层面,核算的是一定行政区域内各类生态系统在核算期内提供的所有生态产品的货币价值之和,核算的重点是生态产品的实物量和价值量。核算结果"宜粗不宜细",且要符合普遍观感,是衡量各级行政区域内生态产品供给能力和生态保护成效的重要指标,主要应用于绩效考核和生态保护补偿等政府发挥作用的生态产品价值实现领域。开展生态产品总值核算,应主要遵循以下流程:根据核算目的,确定核算的行政区域范围;明确核算区域内各类生态系统类型分布及生态产品基础信息;确定核算模型方法与适用技术参数;开展各类生态产品实物量与价值量核算;将核算区域范围内的各类生态产品价值加总,得到核算区域的生态产品总值。

构建基于特定地域单元的生态产品价值（VEP）评价体系。此评价体系主要是针对于市场应用层面，核算的是某一特定地域内生态产品的市场价值，核算的重点是生态环境保护修复和生态产品合理化利用的成本以及相关生态产业经营开发未来可预期市场收益，核算结果强调精准性和地域性，主要应用于经营开发、担保信贷、权益交易等市场发挥作用的生态产品价值实现领域。开展生态产品价值核算，应主要遵循以下流程：按照"生态扰动最小化、价值实现最大化"原则，综合考虑生态产品供给特点、内在联系和实际开发需要，合理划定用于经营开发的特定地域单元；全面梳理地域单元内生态产品数量、质量等底数及各类辅助要素资源，形成生态产品和辅助要素目录清单；吸引优质市场主体参与，依托辅助要素，在保护优先前提下，挖掘最优开发模式，因地制宜发展生态农业、生态工业、生态旅游、生态资源权益交易等业态模式；根据生态产品保护和开发成本及项目未来可预期收益，评估该地域单元的生态产品价值，并探索建立体现市场供需关系的生态产品价格形成机制。

（二）建立覆盖各级行政区域的生态产品总值统计制度

建立覆盖各级行政区域的生态产品总值统计制度，对生态产品总值核算数据采集、具体流程、实施主体等方面作出制度性规范,是推动核算结果可追溯、可核查、可比较的重要保障。建立覆盖各级行政区域的统计制度,要重点关注以下几个方面内容:一是规范生态产品总值核算数据来源,推动完善相关监测体系;二是规范生态产品总值核算数据统计口径和格式要求,增强跨区域跨年度核算结果的可比性;三是采用现代化的数据抄报手段,使地信类、长时间序列监测类数据能够线上填报或自动获取;四是推动各级行政区域采用一致的统计报表数据要求,保证核算结果可复验。

(三)将生态产品价值核算基础数据纳入国民经济核算体系

国民经济核算体系是国家为国民经济核算而制定的核算标准和规范,是全面系统反映国民经济运行的数据体系。将生态产品价值核算基础数据探索纳入国民经济核算体系,能有效了解地方政府在生态产品供给能力、环境质量提升、生态保护成效等方面的情况,激发地方政府生态环境保护修复的内生动力。要根据生态产品价值核算需要,科学选定核算指标体系纳入国民经济核算体系,对每一类核算指标明确统一的数据来源和统计口径,并注重加强数据采集过程中的规范性,确保纳入的核算基础数据有效可信。

专栏 3-1　广东省深圳市建立国内首个"1+3"GEP 核算
**　　　　　制度体系**

2018 年以来,深圳生态环境局、统计局、发展改革委联合中国科学院生态环境研究中心、深圳市环科院等技术单位,深入开展 GEP 核算技术攻关和管理应用探索。2021 年 3 月,深圳市发布"1+3"(一个统领,一项标准、一套报表、一个平台)GEP 核算制度体系,这是国内首个较为完整的 GEP 核算制度体系,对推动 GEP 核算规范化、常态化和制度化具有重要意义。

一个统领,即 GEP 核算实施方案。2021 年 2 月,深圳市生态环境局、统计局、发展改革委联合印发《深圳市生态系统生产总值核算实施方案(试行)》,明确了 GEP 核算的流程、方法、部门责任、工作要求、核算结果发布形式及时间等。

一项标准,即 GEP 核算地方标准。2021 年 2 月,深圳市发布全国首个高度城市化地区的 GEP 核算地方标准,即《深圳市生态系统生产总值核算技术规范》,包括 3 项一级指标、16 项二级指标。相比其他地区技术规范(标准),创新提出路侧噪声削减、自然景观溢价、海岸带防护等符合城市化地区特色的二级核算指标,并围绕考核的纵向可比需要提出可比定价方法和可比气候方法,进一步提升了 GEP 核算结果的实用性。

一套报表,即 GEP 核算统计报表。2020 年,深圳市制定了首份 GEP 核算统计报表，明确规定各项数据的来源部门、格式和时间，将涉及 18 个部门的 200 余项核算数据，分解为生态系统监测、环境与气象监测、社会经济活动与定价、地理信息等 4 类，编制形成 48 张统计表单。同时，将原有晦涩的专业词汇转换为部门现有技术词汇、按部门职责对数据来源进行分类并形成数据清单，使部门更容易理解数据统计要求；同步开发了数据抄报工具，以满足地理信息类非传统统计数据的填报和检查要求。

一个平台，即 GEP 核算平台。部署于政务云，研究制定了与技术规范配套的自动化计算平台，包括统计数据在线报送、数据审查、自动核算、自动报表、结果地图化展示等功能，实现了市级和区级 GEP 同步核算，有效提升了核算效率和核算结果的准确度。

依托"1+3"GEP 核算制度体系，深圳市完成了 2020、2021年度各区 GEP 核算与结果发布，以及"十三五"期间全市GEP 变化研究工作。在此基础上，推动将 GEP 核算结果纳入各区生态文明建设考核重要内容，极大提升了各区生态保护的积极性。

二、制定生态产品价值核算规范

制定生态产品价值核算规范,是在总结各地已有理论研究和实践探索的基础上,明确生态产品价值核算的基本规则,为各地开展价值核算提供科学统一的方法。无论是行政区域单元生态产品总值核算还是特定地域单元生态产品价值核算,都需要建立统一规范的核算规则。考虑到各地自然资源禀赋、生态系统功能侧重不同,制定生态产品价值核算规范,要在总结各地实践探索应用的基础上,明确生态产品价值核算的指标体系、具体算法、数据来源与统计口径等,以提高核算的科学性、规范性和可操作性,避免核算方法不统一、数据来源杂乱、参数使用不正确等影响核算结果的准确性、可比性和适用性。

(一)制定生态产品总值核算规范

制定生态产品总值核算规范,是为指导和规范基于行政区域单元的生态产品总值核算工作,推动核算结果可追溯、可核查、可比较,确保核算结果在政府决策、绩效考核、生态补偿等方面的广泛应用。2022 年 3 月,国家发展改革委、国家统计局联合印发的《生态产品总值核算规范(试行)》(以下简称《核算规范》),对基于行政区域单元的生态产品总值核算作出了规范,是我国首个给绿水青山贴上"价值标签"的规范性文件,明确了生态产品总值核算的指标体系、具体算法、数据来源和统计口径等。目前,浙江丽水、江西吉安、广东深圳、云南普洱等地区都探索开展了生态产品总值核算,并推动将核算结果运用到政府绩效考核、保护补偿资金分配等方面。国家层面将根据各地实践探索应用情况,逐步修正完善《核算规范》,推进生态产品总值核算标准化。《核算规范》单行本已由人民出版社出版并向全国公开发行。

(二)制定生态产品价值核算规范

制定生态产品价值核算规范,是为指导和规范基于特定地域单元的生态产品价值核算工作,推动核算结果准确体现市场价格、获得金融机构认可,确保核算结果在经营开发、担保信贷、权益交易等方面的广泛应用。目前,北京市门头沟区、浙江省湖州市等地,通过合理划定特定地域单元、灵活搭配辅助资源要素、科学编制经营开发项目、引入优质市场主体、积极对接融资贷款等方式,积极探索开展特定地域单元生态产品价值核算工作。国家发展改革委将会同有关方面,认真总结各地价值核算实践探索基础,进一步深化理论研究和探索实践,加快研究制定基于特定地域单元的生态产品价值核算规范。

三、推动生态产品价值核算结果应用

推动生态产品价值核算结果应用,是生态产品价值实现的必然要求,目的在于将行政区域单元生态产品总值和特定地域单元生态产品价值核算结果分别运用到政府层面和市场层面,实现政府与市场双轮驱动、双向发力,形成合力推动生态产品价值实现。

(一)推动核算结果在政府层面的应用

推动核算结果在政府层面的应用,主要是在政府决策和绩效考核、规划编制和工程建设、生态保护补偿、生态环境损害赔偿等方面。一是在政府决策和绩效考核评价中纳入生态产品总值核算结果,切实发挥考核"指挥棒"作用,提升地方政府保护生态环境、推动绿色发展的内生动力。二是在编制各类规划和实施工程项目建设时,统筹考虑工程建设项目可能对生态系统及生态产品价值造成的影响范围与程度,结合生态产品实物量和价值量核算结果采取必要的补偿措施,实现项目建设对生态环境负面影响最小化,确保生态产品保值增值。三是在生态保护补偿和损害赔偿过程中,充分考虑行政区域单元提供生态产品及保值增值生态产品总值的实际成效,将核算结果作为生态保护补偿和生态环境损害赔偿标准制定的依据,明确详细可操作的制度安排和管理办法,有效解决"谁来买单""买多少"等问题,推进生态环境损害成本内部化。

专栏3-2　江苏省南京市高淳区构建 GEP 核算及结果应用体系

高淳自古以来就有"江南圣地、鱼米之乡"的美誉,拥有"三山两水五分田"的自然禀赋,是首批省级山水林田湖草生态保护和修复试点区,拥有国家园林城市、国家卫生城市、国家生态区、全国生态保护与建设示范区等"金名片"。近年来,高淳区以 GEP 核算为契机,在 GDP、GEP 双考核以及GEP 核算结果应用等方面进行实践探索,取得了良好成效。

(一)系统绘制蓝图,构建"五个一"考核工作框架体系。2020 年 4 月,高淳区成立 GEP 体系研究前期工作领导小组和GEP 体系研究专家组,由中国计量大学和南京大学环境学院院士团队领衔支持,探索开展区县级生态产品价值实现机制试点。在边探索、边试验、边总结的基础上,逐步构建 GEP 的一套核算指标、一项核算标准、一套核算表格、一个考核办法、一批应用场景等"五个一"工作框架,形成高淳区 GEP 测算、标准制度、监测、考核、成果运用等闭环工作体系。

(二)创新考核制度,出台全省首个 GEP 考核实施意见。为解决 GDP 指标不能全面反映评价国民经济发展状况中资源消耗、环境损害、生态效益等资源环境变化等问题,2021年高淳区在全省率先探索构建以"两山"转化为导向的评价体系,实施GDP、GEP双考核工作制度,印发《高淳区2021年度生态系统生产总值考核实施意见(试行)》,将全区17个部门单位、4个园区、8个街镇作为考核对象,对部门、园区、街镇就加强生态文明建设、GEP提升和转化工作成效等开展考核。2022年高淳区按照国家和江苏省最新要求,对考核实施意见从生态产品价值、物质供给类生态产品等6个方面及时进行了更新迭代。

(三)善用激励机制,推动区域经济发展方式绿色转变。通过开展GEP考核以及领导干部自然资源离任审计,让生态资源指数成为政府决策的行为指引和硬约束。2021年,高淳区对南京市规划资源局高淳分局等7个单位在年度绩效考核中给予了表彰奖励。同时,推动全区从就GDP论的单一考核方式向GDP和GEP双核算、双评估、双考核的方式转变,2021年高淳区生态产品总值同比增长3%。

(二)推动核算结果在市场层面的应用

推动核算结果在市场层面的应用,目的在于助力市场化、多元化的生态产品经营开发,通过将核算结果应用于生态资产权益抵押贷款、资产证券化、债券等多元化融资工具,实现生态产品可抵押、可变现、可融资,激活生态产品金融属性,打通"生态+金融"的通道。一方面,就核算结果积极与金融机构对接,论证项目运作模式、预估收益及现金流的可行性,在符合银行信贷风控合规要求的基础上,引导金融机构在发放抵押贷款过程中充分考虑生态产品价值的未来收益,在贷款金额、信贷利息方面给予倾斜。另一方面,以特定地域单元范围内搭配的资产为依托,以核算结果为基础,以预期现金流为资产收益来源,探索发行基于特定地域单元生态产品的资产证券化工具,推动特定地域单元生态产品价值实现。

专栏3-3　北京市门头沟区探索特定地域单元
生态产品价值实现机制

门头沟区位于北京西部,因盛产煤炭,自辽代以来就是燃料重镇。千年采煤史塑造了门头沟经济的总体轮廓,也决定了门头沟绿色转型发展难度巨大。面对煤矿关停后生态保护修复资金缺口大、产业转型难度高、集体经济薄弱等问题,门头沟区政府联合专家智库、金融机构、评估公司等,加快开展特定地域单元生态产品价值市场化路径探索,通过推动生态产品"使用价值"转为"市场价值"并最终形成"交易价格",实现"绿水青山"向"金山银山"的价值转化。

探索过程中,门头沟区始终把握四个原则。一是坚守生态本底。转变过去"靠山吃山"等牺牲生态环境和过度依赖土地、资源等要素投入的观念,在保护优先前提下,合理挖掘生态要素的经济价值,实现"站着的树比倒下的树更值钱"。二是坚持系统谋划。不直接对生态资源进行开发,通过合理搭配可开发的辅助要素助力生态产品价值实现。三是聚焦市场化路径。吸引优质市场主体,依托辅助要素,选择生态扰动最小化下的最优经营开发模式,发挥金融资本撬动作用,实现生态产品"可抵押"。四是紧扣可持续目标。探索农民以生态资源使用权入股、直接参与分配、股权加债权组合模式等普惠性收益方式开展合作,推动实现"要我保护"到"我要保护"的根本性转变。

(一)划定特定地域单元范围。首先,综合平衡生态保护的急迫性、资源本底的丰富性、市场基础的完善性、辅助要素的集中度等,选择区内王平镇西王平村为特定地域单元。其次,全面摸清单元内资源条件,形成生态产品及其辅助要素清单。经梳理,该单元内亟待价值实现的区域为镇域集体林场和村域林地,占地489.38公顷,可提供的物质供给类生态产品包括野菜、水果(核桃、樱桃、香椿)、树木、王平沟河水,调节服务类生态产品包括林业碳汇、土壤保持、防风固沙、水源涵养、水质净化、洪水调蓄、空气净化、局部气候调节、噪声消减等,文化服务类生态产品包括单元内山林生态系统提供的旅游康养、景观价值、休闲游憩等。单元内可搭配的辅助要素包括生态产品主供给区周边可利用的建设用地、农用地、古村落、京西古道、王平废旧煤矿、步道、龙岩寺、林业碳汇开发权等资源。

（二）确定最优开发模式。首先，参考企业生态资信评级、企业社会责任履行情况、企业生态资产运营能力等方面，引入永定河流域（北京）企业运营管理有限公司和中建文化旅游发展有限公司为项目运作主体。其次，项目主体选取辅助要素最优组合，包括西王平村1号地块中的古村落1.63公顷、西王平村7号地块产业用地0.8公顷、西王平村8号地块产业用地0.94公顷和废弃地0.8公顷，在保护好生态的前提下，谋划了六种经营开发业态，包括古村落再利用、综合配套体验、亲子体育拓展、户外体育营地、京西古道体验、林业碳汇等。同时，政府计划配套完善周边基础设施和公共服务，修缮公交场站和联通王吕路与谭王路的联络线。经计算，该项目生态产品供给区面积占该特定地域单元总面积的99.16%，辅助要素面积只占地域范围总面积的0.84%，充分体现了保护优先、合理利用原则。再次，确定各方参与模式，该项目中西王平村集体经济作为古村落和集体建设用地的所有权益者，以租赁、生态产品经营开发分红和提供劳动力服务等方式，与项目主体合作，获得"租金+流水分红+薪金"等权益。北京京西生态资源管理有限公司作为门头沟区级生态资源收储运营平台也是村集体（居民）及其他生态权益所有者的利益代表人，负责收储7号地块、8号地块、京西古道（王平段）特许经营权、镇域林场碳汇开发权等，并将收储的生态资产作价入股参与经营或收益分配。

（三）评估特定地域单元生态产品价值。首先，核算特定地域单元内生态产品总值,将核算结果作为生态权益所有人争取转移支付等政府保护补偿的依据。其次,核算该模式下实现的特定地域单元生态产品价值,即未来产业开发期限内以生态系统为主要支撑的各类收益的贴现值。该项目综合采用剩余法、收益还原法、市场价值法等方法评估生态产品价值为1371万元。根据财务测算数据,在最优开发模式下,该项目利润率为12.92%,投资收益率为13.57%,资本金收益率为9.88%。

(四)对接资本市场,实现核算结果可应用。项目基于良好的运营模式和稳定的现金流预期,已获得国开行北京分行的建设期贷款支持。在项目建设初期,就明确了先期通过给项目公司股东借款(阶段性增信)的形式对项目进行定向授信,并计划在后期项目启动后以项目公司取得的生态资产做抵押给予二次授信,考虑到生态资产良好的保值和增值性,国开行授信在额度、年限和利率方面均给予利好性倾斜。

(五)锚定生态富民和生态反哺,推动实现可持续。该项目通过打造"生态+文旅"绿色产业路径,在保障集体经济和生态资产收储人的利益后,项目的投资收益率和资本金收益率仍能满足项目经营开发主体的投资收益底线要求,实现市场可持续。建立项目反哺机制,项目主体、村集体和生态资源收储主体每年从生态补偿资金、分红收益或盈利收益扣除成本后的净利润中拿出约5%的资金,用于特定地域单元厚植生态本底,提升生态产品供给能力和水平,实现生态可持续。

建立利益联结机制,壮大村集体经济,带动村民就业致富,依据生态产品价值评估结果指导生态分红的方案,项目期内集体经济预计获得生态分红金额近 2000 万元。通过租赁、合作开发等模式与村集体合作,共同激活古村落生态产品价值,实现价值变现和机制可持续。

（三）建立生态产品价值核算结果发布制度

建立生态产品价值核算结果发布制度,适时评估各地生态保护成效和生态产品价值,能直观反映各地生态产品供给、环境质量提升、生态保护成效的能力和水平,提升各地政府生态环境保护的思想和行动自觉。各地要结合自身实际,探索开展各级行政区域单元的生态产品总值核算,并将核算结果通过一定程序向社会大众公布。国家层面将在总结各地实践探索的基础上,完善制度设计,逐步建立全国生态产品价值核算结果发布制度。

第四章 健全生态产品经营开发机制

发挥市场在资源配置中的决定性作用,可以将生态产品资源最优化配置、推动价值最大化实现。市场化价值实现路径是连接生态产品供给者和需求者之间的桥梁,也是最直接、最有效、交易成本最小、最具潜力的价值实现路径。健全生态产品经营开发机制,就是要充分发挥市场作用,在推进供需对接、拓展实现模式、促进价值增值、推动权益交易等方面精准发力,提高供给效率、缓解财政压力,既通过生态产品经营开发获得直接收益,推动生态产业化,延伸生态产品产业链,提升产品附加值;也通过生态资源权益交易,让使用生态资源的主体付出相应代价和成本,推动绿水青山蕴含的生态产品价值在市场交易中变现,从而不断提高生态产品经营开发质量和效益。

一、推进生态产品供需精准对接

由于生态产品供给分散化以及市场信息不对称、不充分，生态产品产销对接明显不畅，或是供不应求，或是供大于求。因此要确保生态产品供需有效平衡，必须促进供需精准对接，让供给主体与需求主体间达成长期稳定合作，使生态产品供给与需求有效匹配，以需求牵引供给，用供给创造需求，更好满足投资者、消费者的多元化需要。推进生态产品供需精准对接，要推动生态产品交易中心建设，定期举办生态产品推介博览会，组织开展生态产品线上云交易、云招商。通过新闻媒体和互联网等渠道，加大生态产品宣传推介力度，提升生态产品的社会关注度，扩大经营开发收益和市场份额。加强和规范平台管理，发挥电商平台资源、渠道优势，推进更多优质生态产品以便捷的渠道和方式精准对接、高效交易。

（一）建设生态产品交易中心

生态产品交易中心是集生态产品供需双方交易、生态产品品牌推介等功能为一体的综合管理平台，能够有效畅通信息交流渠道，解决资源信息和市场信息不对称的问题。要重点围绕拓展生态产品供需对接渠道、搭建沟通桥梁等方面，构建形成服务于线上线下两个渠道、高效互动的生态产品交易体系。

　　一方面,打造线上对接平台,充分利用现代网络信息技术,探索基于互联网平台的生态产品电子商务交易模式。从供给方和消费方看,既可以促进生态产品供给方向电商平台聚集并集中展示特色生态产品的天然性、独特性、珍贵性,又可以让消费者全方位形象了解物质供给类生态产品的特性和文化服务类生态产品的特长,促进生态产品供给方和消费方的良性互动,为生态产品的精准营销和超值溢价拓宽渠道。从资源方和投资方看,既可以让拥有独特生态优势的资源方全方位集中展示生态产品数量分布、质量等级、功能特点、权益归属、保护和开发利用、动态变化情况等信息,又可以让投资方深度形象了解资源方生态产品的独特优势,促进生态产品资源方与投资方的高效对接,为开展生态产品的经营开发、精深加工和再生产搭建桥梁。另一方面,打造线下交易实体,通过举办生态产品推介会和博览会、生态旅游文化节等方式,邀请和吸引知名企业、参展商、专业采购商和广大消费者等参展参会,加强项目推介、经贸合作、招商引资和现场体验等,提升投资商、消费者对优质生态产品的直观认识,不断扩大生态产品消费市场。

(二)加大生态产品宣传推介力度

　　生态产品的宣传推介是促进生态产品供给者与需求者间开展产品交易的重要保障,有利于提升生态产品的市场份额、拓宽市场销路,主要借助新闻媒体、互联网等多种方式加以宣传推介,让好生态直面大市场,扩大消费者对生态产品品牌的认知,解决产品"销路窄"等问题,推动破解信息不对称,提高营销收益和市场份额。一方面,通过与国内主流媒体或知名社会团体联合举办区域公用品牌发布会,结合创意广告、宣传片等传播方式,提高生态产品在市场上的识别度和美誉度。另一方面,借助信息技术、大数据等技术手段,通过互联网新媒体等平台,创新生态产品营销模式,丰富生态产品营销内容,扩大生态产品覆盖范围,有效满足不同层次人群的精细化、多元化需求。

(三)加强和规范平台管理

在"互联网+"的背景下,应用现代信息技术和互联网创建产业营销平台和信息平台,是解决生态产品产销渠道不畅、供需信息不对称的有效办法。近些年来随着平台规模的扩张,也出现了一些不容忽视的问题,平台企业滥用市场支配地位、扰乱市场竞争秩序的情况时有发生,影响了用户正当权益。加强和规范平台管理,关键就是要提升政府对平台的监管效能,对生态产品实施严格的质量管控制度,推动交易平台与企业等供给端建立合作关系,保证生态产品的正规来源和正宗品质。强化政府部门监督执法职责,建立事前准入环节信息核查制度。督促平台管理者严把准入关,核验入驻平台的生态产品经营者的真实信息,并对生态产品的来源地、原料构成、检测结果等核心要件的真实性进行认真核验,做好登记、建档和动态更新,鼓励平台企业向社会和消费者作出信用承诺。健全事中监管巡查机制,采取网上监测、线下抽查、举报热线等方式,全范围监督平台上架销售的生态产品,确保生态产品真实性、品质性。完善事后环节惩罚约束制度。建立生态产品"负面清单"机制,针对生态产品可能出现的以假乱真、以次充好等情况,对交易平台和生态产品经营者进行严厉处罚,列入负面清单并向社会公布处罚信息,提高违法成本,保证生态产品的质量。

二、拓展生态产品价值实现模式

拓展市场化生态产品价值实现模式,是健全生态产品经营开发机制的关键,直接关系着生态产品价值实现的效果,要在严格保护生态环境的前提下,鼓励采取生态产品原生态种养、精深加工、发展环境敏感型产业、推动生态旅游开发等多样化的模式和路径,科学合理推动生态产品价值实现。

(一)坚持严格保护生态环境

良好的生态环境是优质生态产品供给的基础和前提,拓展生态产品价值实现模式,必须坚守生态环境保护的底线。要从生态系统的整体性和流域系统性着眼,系统梳理各类生态隐患和环境风险,做好资源环境承载能力评价,按照山水林田湖草沙是一个生命共同体的理念,研究提出从源头上开展生态环境修复和保护的整体预案和行动方案,突出综合治理、系统治理、源头治理,通过采取森林质量提升、草原保护修复、矿山生态修复、水污染治理、湿地保护、荒漠化石漠化治理等生态修复和环境保护工程,全面提升自然生态系统稳定性和生态服务功能,夯实优质生态产品供给的本底基础。在此基础上,结合当地自然禀赋条件和比较优势,科学合理选择适宜发展的产业,丰富拓展生态产品价值实现模式,深入挖掘良好生态环境蕴含的生态产品价值,推动生态产品可持续供给。

专栏 4-1　江西省资溪县大觉山在"保护中开发、开发中保护"实现生态产品价值

大觉山生态旅游景区位于江西省抚州市资溪县境内,东接福建武夷山、北有江西龙虎山,旅游区位优势十分明显。景区内山峦苍郁峻拔、溪流清澈萦回,自然风貌原始,空气清纯,气候舒爽宜人,植被覆盖率达98.3%,空气负离子含量每立方厘米高达30万个以上,是名副其实的"天然氧吧"。近年来,大觉山景区以品牌创建为着力点,围绕旅游项目建设、旅游产品开发和旅游环境提升等方面统筹发力,在创造良好经济效益同时,景区内及周边生态环境持续优化,带动周边群众生活水平持续提高,走出了一条"在保护中促进开发,在开发中落

实保护"的可持续经营模式。

（一）坚持保护优先，优化景区布局。景区规划设计以减少破坏自然环境为原则，力求投入少、见效快、有特色。接待服务建筑设施布局在离盘山公路的最近处，充分结合自然地形地貌设计，减小土方量，节约水电管线的投资，减少自然植被损毁。将人工建筑和车行道路集中布置在地势较平坦且离主干道较近的地区，减少运输距离。景区内采用"步行+摆渡车+索道+自行车"多种交通方式串联起景区的各个景点，在控制游客汽车进入景区的同时，既减少尾气污染也减轻道路拥堵，有效控制景区的"碳足迹"。

（二）实施系统整治，提升景区环境。实施"守山护水"专项整治行动，完成景区周边21家畜牧水产养殖场整改，推动矿产企业退出资源开发，实现景区及周边区域主干道沿线植被恢复35万多平方米。同步提升景区内配套基础设施，科学选址和设计生态停车场、率先开展无污染生态化公共卫生间革命、集中处理景区污水、使用能源循环利用技术以及建设生态保护的索道，增强生产生活废弃物吸收处置和资源的循环利用水平，减少对环境破坏和污染，进一步提升景区人居环境。

（三）依托生态产品，挖掘溢价价值。充分挖掘大觉山景区内山水资源，丰富旅游产品。一是依托河道设计探险漂流项目。改造漂流河道，完善安全措施，提升漂流项目体验感，让游客在沟谷纵横的激流穿行时享受到融入大自然的无穷乐趣，打响大觉山漂流知名度，强化了景区核心竞争力。二是依托山体设计户外攀岩项目。此项目在山体岩壁上建设,不占用常规旅游资源和旅游线路,由钢扶手、脚踏、生命钢缆等构成攀登径道。在安全有充分保障的前提下,让普通人也能驰骋悬崖,获得极大的精神享受,被广大爱好者称为"岩壁上的芭蕾"。三是依托峡谷设计索道观光项目。索道建造于两个大峡谷之间,全长 1678 米,落差 468 米。游客在乘坐过程中青山翡翠、岩崖奇物、古木盘根,阵阵山风扑面而来,淙淙山泉低声吟唱,将大觉山独特的美景佳境尽揽眼底,能切身感受到回归静谧大自然的身心愉悦。

(四)借助"生态+"模式,拓展价值实现路径。一是发展"生态+民宿"。引进社会资本,在排上村、南源村采用先进理念建设民宿服务综合体,充分利用荒废房屋,实现"变荒为宿"。二是推进"生态+扶贫"。综合开发景区周边土地,建设高标准果园 400 多亩,既改善了生态环境,又促进了农民增收,实现了"变荒为果"。三是开展"生态+旅游"。景区新建旅游公路 25 公里、步行道 8.6 公里,统筹推进素质拓展、科普体验、休闲观光、体育赛事等文旅项目建设,发展生态旅游、体育健身等产业,逐步实现"变景为财"。同时以大觉山生态旅游为龙头,辐射带动周边景区如法水森林温泉度假村、马头山原始森林、新月畲族民俗文化村等业态发展,扩大了生态环境保护的范围,繁荣了乡村旅游市场,为区域全域旅游发展打下了良好基础。

　　推动生态环境系统保护和修复,关键要准确理解和把握系统治理的内涵和外延。生态系统的各要素之间是一个有机统一的整体,彼此既相互依赖又相互制衡,形成一个生命共同体。遭到破坏的生态环境往往是某一些因素的缺失导致了整个生态系统功能的不完整和作用无法充分发挥。因此,开展生态环境的保护和修复要着眼于生态系统的整体性和流域的系统性,找到保护治理修复的根源和主要矛盾以及矛盾的主要方面,实施一体化的系统性的保护和修复。比如,一些湿地的破坏和消失往往是由于江湖关系不和谐所导致的,因此修复湿地首先要考虑江湖关系的和谐,从源头上加以治理。再比如,水体环境的污染往往是岸上企业污染排放所导致的,而这些企业排放的污染物有些是直排水中,有些是在陆地混合交织以后渗透冲刷进水中,这些污染物往往在同一个地域空间相互交织、难以分割,无法单独实施治理,只有通过协同系统治理才能从根本上解决问题。这样做,既可以避免同一个区域内的不同污染要素"反复治、治反复",一次性解决问题,也可以减少重复投资和投资浪费,既提高了生态环境治理保护修复的成效,也节省了生态环境治理保护修复的成本,切实提高生态环境治理保护修复的整体效益。因此,要在充分调查研究区域生态环境现状的基础上,准确识别各种生态环境问题及其严重程度,分析其成因、分布及相互之间的有机关联,并按照相互耦合集成的技术路线和具体举措,系统实施包括重要生态系统保护修复、生物多样性保护、流域水污染综合治理、污染与退化土地修复治理、矿山生态修复、山地综合整治、生态环境质量提升等在内的一体化生态修复保护工程,并基于此谋划实施生态产品价值实现工程,进而实现生态环境质量系统改善、生态系统整体修复、生态系统服务功能全面提升与经济社会绿色高质量发展的协同推进。

专栏 4-2　上海市金山区郊野村庄田园高效挖掘生态产品价值

金山区枫泾镇郊野村庄田园综合体项目通过"净水渔业—热带水果"生态种养立体高效的生态循环农业模式,以净水渔业为核心,发展蟹稻共作、虾稻共作、鱼藕共作、南果北移等业态,坚持选用原种种植,拒绝转基因和各类激素、拒绝使用除草剂、拒绝各类化学农药和化肥,以损失产量和品相来最大限度地保留各种产品本来应有的味道,高效挖掘生态产品价值,形成了一条特有的生态产品价值实现路径。经过近十年的建设,园区累计总投资约 8640 万元,随着经营模式的日趋成熟,实现收益约 3130 万元/年。主要做法如下。

（一）保护优先,绿色生态环境建设优先实施。统筹水、田系统治理,通过水生态修复及水产业延伸、高标准农田改造等措施,以"水秀、田良"为目标,提升生态资产,增强生态系统的产品供给能力。一是循环利用水资源,保护"水源地"质量。坚持先养水再养鱼,防病于未然。在 2010 年建设之初,整个园区的养殖用水规划设计为一个完全闭合的生态循环系统,所有养殖废水不对外排放,而是通过以生态自净、富营养污染物质资源化利用为核心,一个个布满水草的池塘,经过深度净化后达到国家饮用水源标准Ⅲ类后,最终进入种养殖"水源地"储备,整个园区的水资源得到充分的循环利用,实现了养殖尾水零排放、零污染,园区的水比外面的还要干净。二是水陆两栖休耕,提升土壤自然肥力。对土壤进行"一年旱休耕、一年水休耕",以消除原农户使用的农药、化肥、抗生素、激素等残留。园区里的每位工人十年如一日,都在精心守护着这一片土地,拒绝使用一劳永逸的除草剂和化学药剂,坚持用打草机和人工拔草。塘口边果树下堆放着一些直接从塘里打捞出来的水草,营养丰富的水草散发着阵阵清香,它们正是果树生长最好的有机肥。同时,通过生态搭配中药作物、香料作物,并加以空间调控、密度调控的生态防虫体系。尊重自然、敬畏生命,经过近十年的养护,园区里的每一抔土都恢复了健康,其抵抗力和肥力都得到极大提高,土壤的有机质含量达到了 40.5g/kg。

(二)技术创新,绿色生态产业发展有序推进。秉持生态农业、循环农业、立体农业、观光农业的发展特色,以绿色经济为导向,将经济规模控制在生态环境容量和自然资源的承载能力范围之内,引进集绿色生产、零排放等成熟农业种养殖技术、农业休闲观光旅游及成功实践经验,实现虾(蟹)稻共作、南果北移、种养结合等生态循环农业发展模式,为实现农村生产生活生态"三生同步"、一二三产业"三产融合"、农业文化旅游"三位一体"提供了平台。一是三项禁止,生态农业。农业生产过程中,严格禁止使用农药、化肥及饲料,实现真正的有机化生产。其一,刀耕火种,熟食喂养,以采用玉米、紫薯等熟浆为纯天然饵料代替人工合成饲料喂养大闸蟹、虾鱼等,提高其品质;其二,水草肥替代粪肥、化肥,水草肥是仅次于海藻的优质肥源,其富含细胞分裂素及植物生长因子,可使植物生长速度快60%;其三,生物防虫体系,采用中药及香料替代农药,同时辅以物理驱隔手段,形成生物防虫体系。二是低碳零排,循环农业。以水体生态修复技术形成的水质改善及长效保持机制为技术内核,通过食藻虫改良驯化技术、沉水植物改良技术及生物调控技术,实现水域生态系统的合理配置,形成水源涵养产清、清水种养结合及废水净化回用的循环再生体系,彻底实现富营养资源化。三是高效利用,立体农业。通过双棚双膜大棚实现了调温、调湿、高富氧的特点,结合果基鱼塘模式,可以达到热带水果的种植条件,引种木瓜、芒果、龙眼等南方水果,使之逐渐适应高纬度地区,打破南方水果的地域限制。同时实现虾(蟹)稻共作、清水草塘养殖及温室立体种养结合新模式。通过食疗同源发挥植物间种套种,比如香茅草,可以起到驱虫防虫的功效,同时也是一种香料作物,用来烧菜,更可以进行深加工,提炼成香茅草精油。

(三)融合利用,绿色生态文旅建设统筹推进。利用园区良好的自然生态资源,因地制宜开发农事体验、科普实践、游学教育等旅游项目,促进生态文化服务产品创新增值,实施"生态旅游+",提升生态产品价值,形成乡村经济的可持续发展模式,助力实现乡村振兴。一是农事体验。观光采摘园中,主要采摘品种有木瓜、百香果、葡萄、荔枝、香蕉、芒果等热带水果。在这里,消费者不但可以动手采摘果实体验丰收的乐趣,而且可以欣赏优美的田园风光,品尝热带水果,尽情体验都市田园生活。休闲垂钓场上,青少年不但可以亲自垂钓鲈鱼、鸭嘴鱼、太阳鱼等,而且可以品尝清蒸鲈鱼、红烧鲈鱼、泰式鲈鱼等美食,释放压力,亲近体验大自然。此外,通过增加稻谷手工脱粒、花港观鱼、湿地观荷采藕等体验活动,推动生态环保、科技兴农。二是科普实践。园区作为金山区科普教育基地,常年对外开放,基地内设有科普讲解室及其配套设施,围绕水生态技术、生态循环农业知识及农耕文化等,不定期举办专题讲座、农学小课堂,如农场寻宝、生态瓶 DIY 等科普活动,向青少年参观者展示生态农业技术,激发科技创新兴趣。三是游学教育。园区利用在生态修复、生态种养殖及富营养物质资源化等方面形成独特优势,为上海市中小学生生态环境保护及农学实践体验提供了优良场所,也为高校环境及农业学科产学研实践提供了优质平台。

(二) 推广原生态种养模式

生态产品特别是物质供给类生态产品的显著特点在于其

原始的生长环境以及人类活动对自然生态环境最小程度的扰动,因而具有天然性、稀缺性、独特性,蕴藏着巨大的溢价价值。因此,要推动最大程度实现生态产品的溢价价值,就要针对生态产品稀缺性及市场供不应求矛盾,依托不同地区独特的自然禀赋条件,推广人放天养、自繁自养等原生态种养模式。这种生产方式既能最大程度保护生态产品的原生态生长环境,又能最大限度降低人工劳动对自然环境的干扰,确保在严格保护生态环境的基础上为生态产品提供质量保证,为有效提升生态产品溢价价值奠定坚实基础。

专栏4-3　山东省烟台市长岛海域"海底森林"孕育出海上珍品

烟台市长岛海洋生态文明综合试验区南北纵列于渤海海峡,东西横贯于北纬38°生物最佳生长线,拥有151个岛屿,海域面积3541平方公里。这里海域辽阔,水深流大,岩礁密布,海藻丰富,盛产贝藻鱼类海珍品200多种,其中长岛刺参、长岛鲍鱼等产品驰名国内外。

近年来,长岛依托良好生态本底优势,协同推动海洋生态环境保护修复和海洋经济发展取得明显成效。系统推进海洋生态环境保护修复,长岛海域"海底森林"面积超过50万亩,成为具有自我维持平衡的海洋生态系统,大叶藻在海滩礁石丛生,东亚江豚、斑海豹等濒危生物频繁群游,鲸、海龟经常

现身,东方白鹳、黄嘴白鹭等濒危鸟类明显增多,鸟类数量由
333 种增长到 369 种。

在严格保护好海洋生态环境的基础上,长岛转变刺参养
殖模式,舍弃人工育苗、人工投喂、围堰养殖、网箱养殖等人为
干预的养殖方式,科学合理为刺参营造适合生长与繁殖的栖
息环境,让刺参自然繁殖、自然生长,并采用自然采捕、自然晾
晒等方式确保刺参的最优生态品质,长岛刺参较其他同类产
品溢价价值超过 3 倍,成功实现了华丽的"生态"转身,成为
大海中的"金山银山"。2021 年长岛刺参产业产值达到 28.5
亿元,占渔业总产值的比重达到三分之一,成为海岛乡村振兴
的"压舱石",长岛渔民收入十年间年均增长 8.7%。

以人放天养、自繁自养等原生态种养模式获取的生态产
品,相比于其他产品,具有三方面特性:一是天然性。产品在
自然生态环境中生长,生长过程基本没有或极少有人为因素
干扰,符合自然生长规律。如黑龙江大兴安岭地区的野生蓝
莓、红豆、偃松仁等产品。二是稀缺性。产品只在特殊的环境
下和特定的季节里生长,没有规模化、工业化运作,数量十分
有限,因而十分珍贵。如云南南华野生松茸,只生长在海拔
1300—2600 米的云南松纯林或云南松、华山松等针阔混交林
中,出菇期从每年 5 月开始,到 11 月结束。三是独特性。一
方山水养一方产品,一些生态产品对生长环境要求十分苛刻,
只有在特定生境下才会生长、产品品质才最好,在别的地域难

以复制生产。如贵州赤水的金钗石斛,只生长于赤水独有的丹霞石上,与苔藓共生,产品品质也是最好的。

专栏4-4　贵州省赤水市依托金钗石斛创造出"岩石旮旯出金银"的奇迹

石斛自古以来就是珍稀名贵中药。作为植物,最早记录于《山海经》,称为"禁生、林兰",意即长在林下、溪旁。作为药物,始载于《神农本草经》,列为上品,可补五脏虚劳,为滋阴圣品,历代本草对其非常推崇,唐《道藏经》将其列为中华九大仙草之首。《中华人民共和国药典》收录石斛有七八种,金钗石斛是最早进入药典并一直位列其中的石斛品种。金钗石斛又名千年润、扁金钗、扁黄草、吊兰花,其根茎状形如古人用来绾住头发的"黄金发簪"首饰,半月形,故用"金钗"命名,称为"金钗石斛"。金钗石斛属多年生草本植物,作为名贵中草药,在古代民间有"救命神草"的美称,一般以根茎入药,其花可直接泡水饮用,具有优良功效。

金钗石斛对生长环境要求极为苛刻,只适宜于高温高湿的南方地区,伴生各种阔叶林下,生长于丹霞石上,与苔藓共生。贵州省赤水市地处云贵高原向四川盆地过渡地带,是丹霞世界自然遗产地,境内多山富石,森林覆盖率达82.51%,属中亚热带湿润季风气候区,夏季炎热多伏旱,初夏晚秋多阴雨,相对湿度83%,因而成为金钗石斛最适宜生长的区域,同时也是金钗石斛的原产地和主产区。

　　赤水市依托得天独厚的气候环境和不可复制的丹霞岩石资源,出台多项优惠政策,鼓励采取人放天养、自繁自养的原生态种养模式,助推金钗石斛生态产业发展,种植面积从 200亩发展到近 10 万亩,面积和产量均占全国的 90% 以上,综合产值达 10 亿元以上。目前,赤水市已培育 40 多家石斛产业经营主体,提供就业岗位上千个,助推 5000 余户近 16000 人实现脱贫,人均增收 7000 余元。

　　赤水市金钗石斛产业,不仅有效防治了丹霞石风化、减少了水土流失、提高了植被覆盖率,更成为推动实现乡村振兴的致富产业,闯出了一条"点石成金"的产业脱贫致富路、生态产业发展路,创造了"岩石旮旯出金银"的奇迹,呈现出"荒石改绿地""石头开红花"的美丽景象,开辟了生态效益、经济效益和社会效益共赢的新局面,成为推动生态产品价值实现的生动实践。

(三)实施生态产品精深加工模式

　　精深加工是指将产品原料进行深加工和再生产,可被视为引导产业发展的"引擎",能够有效推动生态产品增值溢价。科学运用先进技术实施生态产品精深加工,是拓展延伸和优化升级生态产品产业链、价值链的重要途径。不同方式的深加工和再生产能够带来生态产品不同程度的增值和溢价,加工和生产的水平越深越精细,资源利用效率越高,能够更好满足市场对生态产品的多元化需求,最大程度地提高生态产品的附加值。

专栏4-5　陕西省柞水县打造木耳首位产业
促进农民增收致富

柞水县地处秦岭南麓,全境位于秦岭生态环境保护规划区,生态环境优良、自然资源丰富,植被覆盖率达78%、森林覆盖率达75%。近年来,立足独特资源优势,将木耳产业作为县域经济高质量发展的首位产业,通过实施木耳精深加工持续延伸产业链条,致力形成以木耳为主的绿色食品产业集群。

一是强化科技支撑,引入吉林农业大学、北京中科生物科技研究所、陕西微生物研究所等科研团队,加强秦岭生态适生优质菌种研发,加大木耳系列产品研发力度,推动提升木耳相关产品增值溢价;二是集中规范经营,按照"园区+基地+农户"模式,依托西川、金米两个现代产业园,大力发展产业带、功能区、专业村和种植户,推动实现标准化、规模化生产;三是延伸产业链条,运用先进技术实施精深加工,推动木耳由食品向药品、保健品、化妆品等高端产品发展;四是严把质量关口,建立"二维码"全程溯源体系,赋予木耳"电子生产履历",实现木耳产品"数字化""身份证"式管理。

目前,柞水县已形成百万袋木耳示范基地45个、木耳数字示范园2个,慕洱汤、木耳菌草茶、木耳益生菌、木耳酱、木耳调料等新产品相继面世,形成了木耳全产业链发展,全县木耳产业2021年产值达到16.5亿元,带动近4000户耳农大户户均增收1.5万元以上,带动1.4万户小规模农户户均增收3600元,木耳产业收入占农村居民人均可支配收入的比重超过20%。

生态产品精深加工,可以根据生态产品色、香、味、形、营养机制等特点,通过对其进行浓缩、提纯、萃取、破壁等加工和制粉、榨油、榨汁等再生产,以及冷冻干燥、超高压灭菌、微波干燥、远红外加热、辐照保鲜、超临界流通萃取等现代高新技术加工,深入挖掘生态产品的溢价增值。通过精深加工,生态产品的消费形式和场景得到有效拓展,生态产品的价值成倍提升。比如,野生刺梨富含极高的营养价值,是"维生素 C 含量之王",通过提炼榨汁等精深加工,可以使一斤3元左右、转化率50%的刺梨变为40元一斤的刺梨原浆,溢价价值达7倍;采取氮干工艺加工的石斛花价值,比采取普通加工工艺得到的石斛花,价值溢价达10倍以上。

专栏4-6 吉林省延边州推进人参产业高质量发展

延边朝鲜族自治州自然环境优越,土地资源丰富,具有盛产优质特色野山参的独特优势,其人参产量占吉林省总产量的 67%。近年来,延边州依托野山参精深加工推进种植规范化、质量标准化、加工精细化、产业集约化,在技术攻关、新产品开发等方面取得了长足进步,不断挖掘放大良好生态环境蕴含的经济价值。

(一)坚持保护优先,夯实野山参供给本底。因地制宜对野山参发展进行谋划布局,按照林业禁伐要求,大力发展林下参。推广人参安全优质生产、人参无公害规范化栽培等新技术。目前,全州 8 个县(市)全部被纳入吉林省人参生产保护区,其中 5 个县(市)被纳入核心区。

(二)强化科技赋能,提升野山参溢价价值。强化与东北亚地区的技术交流合作,采用国际先进技术实施野山参精深加工。目前,延边州级以上农业产业化龙头企业 30 余家,人参产品涵盖药品、食品、保健品、化妆品等 4 大类,产品系列超过 300 种,人参食用菌、人参酵素、伪人参皂苷 PDQ 注射剂等产品科技含量显著提升。

(三)加强标准制定,培育野山参品牌优势。地处延边的国家参茸产品质量监督检验中心、全国参茸产品标准化技术委员会立足参茸产业发展,增加资金投入,加强国检中心能力提升建设,为人参行业发展搭建国内领先和与国际接轨的技术机构服务平台。目前,全州共有 12 户重点人参企业、72 个人参产品获得了"长白山人参"品牌认证,对延边人参企业发展起到了积极作用。

（四）适度发展环境敏感型产业

环境敏感型产业是指对产品生产环境要求相对苛刻的产业，如需要低粉尘的空气、洁净的水源、适宜的气候等。一段时间以来，作为世界上最大的发展中国家，我国部分地区走的是一条高投入、高能耗、高污染、低效率的粗放扩张型经济增长模式，虽然创造了大量的物质财富，获得了"金山银山"，但也严重破坏和污染了生态环境，失去了"绿水青山"。这些破坏了"绿水青山"的地方，已经不具备发展环境敏感型产业的本底条件，这为那些守护好"绿水青山"、生态环境良好、虽然目前发展相对落后的地区，创新性打造以环境敏感型产业为牵引的新的经济发展模式，培育和壮大新的经济增长点，从而获得绿色新生的"金山银山"，提供了得天独厚的历史机遇。

专栏4-7　青海省海南州治沙与光伏融合发展

青藏高原地区是我国太阳能资源的富集区，发展光伏新能源对促进地区生态文明建设和经济发展、提升区域生态环境整体功能，具有重要意义。近年来，青海省海南州积极探索"光伏+治沙"发展模式，充分利用共和县境内的塔拉滩、切吉滩荒漠化土地，规划了面积达609平方公里的光伏园区，累计完成投资940亿元，建成216平方公里、总装机1316万千瓦的新能源基地。州林业草原部门依托国家重点生态保护修复和国土绿化示范试点等项目,采取"乔、灌、草结合,造、封、育并举"的综合治理措施,坚持保护与发展并重,坚持自然修复和工程措施相结合、工程固沙和生物治沙相结合、人工造林种草和封禁保护相结合,采取工程固沙、生物治沙、人工造林种草等多种治理措施,推进共和县塔拉滩、切吉滩防沙治沙,大力推广乌柳、锦鸡儿、沙棘等优良乡土树种和白榆、小叶杨、青杨雄株等优质绿化树种的种植,普及水钻造林、深栽造林、混交造林等新技术应用,配合省内外科研单位和大学积极开展园区退化草原修复技术、沙漠化治理技术研究及推广,切实提高了治沙造林成活率和保存率,累计治理园区及周边沙化土地41.75万亩,建成园区防风林带134公里6250亩。

通过采用"光伏+治沙"发展模式,有效改善了园区生产生活环境,荒漠化土地和沙化土地呈现出"双下降"趋势,大大减缓了土地沙化、草场退化的速度。"牧光互促"的光伏生态畜牧业发展模式有效带动了周边养殖产业发展。目前已在40个电站养殖"光伏羊"达15000余只,按照规划园区内草场70%可利用率测算,年产草量可达11.8万吨,能满足养殖近8万羊单位饲草需求,按每年出栏25%计,估算一年内养殖10万羊单位,群众增收近1亿元,此模式在降低饲养成本、带动群众获得稳定收益的同时,还能够降低光伏企业秋冬季割草成本和防火隐患。

　　发展较为落后地区往往具有受人类干扰较少的原始生态环境,自然本底条件优越,具备固碳、水源涵养、水土保持、空气净化、休闲观光、文化体验等多种功能和多重价值。一些对产品生产环境敏感度较高的环境敏感型产业,如数字经济、洁净医药、电子元器件、精密仪器、光学元器件等,如果在城市化地区组织生产,往往需要付出较高的环境处理成本,而在生态环境条件良好的地区组织生产,将明显降低产品生产成本。因此,要充分利用这些地区洁净水体、清新空气、安全土壤、适宜气候等优质生态条件,深化"腾笼换鸟",优化产业结构调整,适度发展环境敏感型产业,进一步推动生态环境优势转化为产业发展优势。

专栏4-8　贵州大力发展绿色数据中心实现产业发展和生态价值转化双赢

　　贵州立足于气候凉爽、地质结构稳定、绿色能源充沛的生态环境优势,通过发展绿色数据中心等环境敏感型产业,探索调节服务类生态产品价值实现模式。目前贵州已有7个绿色数据中心,是全国绿色数据中心最多的地区之一。

　　(一)通过生态环境优势吸引数据资源落地。充分发挥贵州气候、能源、环境方面的独特优势,实施数据资源汇聚工程,大力引进落地数据资源,一批国际级国家级行业级数据中心、灾备中心落地贵州,48个国家部委、行业和标志性企业数据资源落户。积极抢抓新"东数西算"工程机遇,建立东数西算项目库,持续动态更新完善,加强调度,清单化推进实施。入库项目覆盖全省,项目数达到 69 个,总投资达到 830 亿元。

（二）创新数据中心绿色建设模式。一方面,探索洞库式数据中心建设模式。贵安洞库式数据中心首次在全国探索式开建,聚焦绿色节能指标,在高效、节约利用土地的同时,合理利用外部流动空气为数据中心进行降温,尽可能为企业降低成本,为国内绿色数据中心的建设提供了"贵安样本"。另一方面推动运用节能技术。支持数据中心采用自然冷却技术或者余热综合利用,创新使用间接蒸发换热＋冷水蒸发预冷技术,鼓励风能、太阳能等可再生能源发电措施,提升数据中心绿色电能使用水平,实现数据中心资源消耗少、能源利用高、运维水平强的绿色低碳发展。

（三）积极打造绿色数据产业生态圈。支持完善数据中心产业生态,开展面向国家各部委和大型企业的数据资源招商,推动数据中心运营商承接国家各部委、中央企业的南方数据中心、分中心和灾备中心。开展区域性数据资源招商,积极拓展长江经济带沿线城市数据中心服务市场和中国南方地区数据中心服务市场,为全国各地提供异地灾备服务。加强数据中心供配电、数据清洗加工、云计算等数据中心上下游产业链要素流通,持续优化数据中心能源使用效率,推动数据创新型应用和新型消费产业等集聚落地,从"产业链"向"生态圈"逐步升级,为数据中心建设做好配套保障。全省新建大型、超大型数据中心全部集中到贵安数据中心集群,主数据中心和备份数据中心功能优势逐步彰显,一批互联网、金融行业龙头企业数据中心项目加快落地。

(五) 健全生态旅游开发模式

生态旅游主要是指以自然生态系统及与其共生的历史文化遗存为主要景观,在严格保护生态环境的前提下,采取生态友好方式,打造的使消费者获得身心愉悦的生态产品价值实现路径。生态旅游主要有三个特点:一是更加突出自然生态系统的主体作用,这是由于我国绝大多数优美自然风光和历史文化遗存都与自然生态系统密不可分;二是更加突出对生态环境的保护,对生态资源的开发利用要采取可持续的方式,以确保维护生态系统服务稳定向好这一生态旅游开发的前提;三是更加突出自然生态系统为提高人类生活质量提供的非物质惠益,如休闲康养、灵感激发、精神享受、美学体验等。因此,生态旅游是以一种更可持续、更加多元的方式来开发利用自然生态系统所呈现出的优美风光,以及自然生态系统与人类活动相互作用下形成的历史文化遗存,从而使人们在参与生态旅游时得以更深入亲近自然、享受自然,获得精神层面的愉悦。

生态旅游发展要在统筹考虑生态旅游特点和现阶段旅游需要的基础上,充分依托优美自然风光、历史文化遗存,引进专业设计、运营团队,在最大限度减少人为扰动前提下,通过旅游观光、运动康养、医疗保健、健康膳食等多种形式,着力推动生态、文化、旅游、康养、休闲多位一体融合发展。

专栏 4-9　四川省大邑县探索川西林盘生态产品价值实现路径

大邑县是四川省生态产品价值实现机制试点县之一,是成都市唯一的川西林盘保护修复示范县。在全面推进乡村振兴和城乡融合发展的重大战略部署下,大邑县依托川西林盘保护修复与合理开发利用,积极探索川西林盘生态价值转化路径。

(一)科学系统保护修复,重塑川西林盘乡村生态新格局。全面梳理川西林盘资源,科学优化川西林盘保护修复点位布局,按照"本土化、现代化、特色化"的基本原则,系统编制《川西林盘保护修复规划》及《川西林盘公园保护修复利用规划技术导则》《川西林盘民居建设导则》,建立林盘开发利用、规划建设等技术标准,在保护生态本底的基础上强化对林盘"保、改、建"的有效管控。完善"特色镇+绿道+林盘"的发展格局,联动中央美术学院、中国美术学院等"九大美院"组建乡村社区空间美学研究创作基地,围绕雪山、森林、温泉、古镇、田园等独特优势进行林盘美学设计,构建多组团复合化的现代乡村田园景观,建成以姚林盘为代表的农业衍生型、以稻香渔歌为代表的特色旅游型、以桐林林盘为代表的文化艺术型等85个林盘美学空间样板。策划规划200个形态优美、业态丰富、具有"国际范、天府味"的川西林盘，通过"整田、护林、理水、改院"等方式，重构"林在田中、田在林中"的美丽川西乡村田园形态。稻乡渔歌"大地之眼"、田园村"箐山月"、西岭雪山"山之四季"等一批林盘精品民宿成为乡村生态新场景。

（二）深挖林盘生态资源，创新培育新业态。围绕川西林盘"田、林、水、院"基本要素，深度挖掘川西林盘的人居状况、建筑风貌、古树名木、生态湿地等生态、生活、生产价值，打造沃野环抱、茂林修竹、美田弥望、特色鲜明的林盘景观，植入商务、会议、博览、度假、旅游、文创等现代功能业态，推动农商文旅体一二三产业融合发展，实现生态价值、经济价值、社会价值的高效统一。依托西岭雪山风景名胜区、安仁古镇AAAAA级景区等文旅IP，建成南岸美村、稻乡渔歌田园综合体等精品林盘，其中斜源太平、青霞分水等6个林盘获评A级林盘景区。建成咏归川、溪地·阿兰若等100余个"乡居野奢"精品民宿，其中木莲酒庄、大地之眼等10个民宿获评携程五星级民宿酒店。2022年1—8月，全县共接待乡村旅游游客261.35万人次、同比增长28.2%；实现乡村旅游收入10.43亿元、同比增长33.7%。

（三）强化机制有效保障，推动林盘资源可持续经营开发。一是构建高效化的协同推进机制。坚持"党委领导、政府主导、市场主体"，采取"国有平台公司+金融资本+村集体经济"模式,促进林盘内的集体经济组织、农民合作社、企业等共建产业开发联盟,推动各集体经济组织共建联营体。通过"租赁、入股、有偿退出、拆院并院"等方式盘活全县林盘集体建设用地资源、废弃工厂和水电站。2019年以来,全县新成立集体经济市场主体195个,实现村级集体经济经营性收入增幅达50%,69个空壳村全部实现"村村有收入",其中,新福社区集体经济资产超过5000万元,多村联建强民、祥民集体资产公司资产超亿元。二是建立村民收入保障机制。集体经济发展按一定比例预留部分收益作为集体经济发展资金,保障村民分红占比。全县起步较快的村(社区)已向村民分红达400万元,全县农村居民人均可支配收入超3万元,近三年平均增速达8%。三是构建专业化的人才导入机制。分类构建农村实用人才等"七类人才子库",制定《大邑县鼓励人才聚集推动林盘建设助力乡村振兴的十条措施》,出台农商文旅体融合发展人才引进办法,设立专项资金,以需求为导向,持续引入乡村设计师团队、林盘建设运营企业、社会组织团队等专门人才,激活市场主体参与林盘保护修复建设积极性,为林盘产业经营、风貌打造、文化植入与公共服务供给等方面提供有效支撑。

　　良好的生态环境蕴藏着无穷的经济价值,特别是一些生态环境优美的农村地区往往拥有自然生态优势,要实现乡村振兴、共同富裕,就需要有人把绿水青山转化为金山银山。因此,要深入实施乡村振兴战略,发挥农村生态资源丰富的优势,吸引资本、技术、人才等要素向乡村流动,把绿水青山变成金山银山,带动贫困人口增收。这其中最关键的因素就是要培育和壮大善待自然、精于谋划、善于经营、携民共富的专业化生态产品市场主体,让这些人成为乡村振兴、共同富裕的带头人、领头羊,让广大农村地区的居民可以与其他地区享有基本相当的富裕生活水平。

废弃矿山、工业遗址、古旧村落等存量资源都是镶嵌于良好生态环境的"明珠",也是一直未被重视的优质存量资源,如果能够从大的生态环境地域的视角来看,这些存量资源经过修复改造加工升级再嵌入之后,往往可以成为特定地域单元生态产品价值实现的"引擎"和最大亮点。因此,要通过创新方式方法和体制机制,鼓励盘活废弃矿山、工业遗址、古旧村落等存量资源,推进相关资源权益交易集中流转经营,通过统筹实施生态环境系统整治和配套设施建设,提升教育文化旅游开发价值。

专栏 4-10　江西省赣州市丫山"点绿成金"的生态产品价值实现探索

丫山位于江西省赣州市大余县黄龙镇大龙村,因最高峰双秀峰呈"丫"字形而得名。大龙村曾是一个盛产钨矿的山区村落,有近百年的采矿史,采矿业虽然带动了当地一时的经济增长和群众增收,但是由于长期的矿山开采,给周边生态环境和生态系统造成严重破坏。2008年以后,随着钨矿资源逐步枯竭和价格持续低迷,村民收入急剧减少,青壮年劳动力普遍外出务工,常住人口已不足300人。2011年,大余县引进章源公司在对废弃矿区进行综合治理的基础上,围绕产业生态化和生态产业化,协同当地村民全力打造丫山旅游度假区,培育壮大特色生态旅游休闲产业,推动生态要素向生态财富转变,盘活绿水青山、激活农民主体,让曾经"半空心化"的小山村获得重生,成为"经济强、环境美、百姓富"的美丽乡村。

（一）激活土地资源,创新运营管理机制。推进"三步流转"。第一步,明晰农村土地、农民宅基地、林地等集体资源权责归属;第二步,大力开展农村集体资产股份权能改革,除村集体股权预留10%外,其余平均折股量化到村民;第三步,盘活土地进行集中统筹利用,比如,统一拆除危旧空心房等交由平台公司统一建设和创意开发。在此基础上,以章源公司为度假区经营管理主体,先后引进浙江人文园林公司等国内顶尖规划设计施工团队共同参与,各经营主体发挥自身优势,不断汇入产业资本要素,形成了产权明晰、符合市场规律、具备可持续特征的特色小镇商业运营模式。

（二）多元经营开发,实现资源溢价创收。发展"三次产业"。一是特色农业,开辟1200余亩6大生态林农基地,除盐和酱油外,所有蔬果、禽畜等有机食材均可自耕自种自养、自给自足。二是生态加工业,配套自然教育课堂、生态景观餐厅及生态食品加工厂等,建设农产品加工中心,构建物流供应、营销渠道等配套体系。其中,自主研发用竹木加工的尾料加工生产木塑,使用寿命达 20 年,累计节约木材 1.2 万余吨。三是生态服务业,在海拔 200—400 米地区打造集多种元素于一体的乡村休闲区;在海拔 400—600 米地区营建森林康养区,配套建设 A 哆森林、森趣长廊等项目;在海拔 600—800 米地区打造山地度假区,配套建设直升机坪、森林越野游等项目。共打造 5 大类 39 种特色运动休闲产业集群项目,构建了康复疗养、健康管理、旅居养老、"候鸟"养老等完整康养业态,组建十八罗汉才艺队,打造草木惠花艺队、花木兰越野队等近 20 个学习型、创收型人才"自造"团队平台。

（三）释放改革红利,带动农民增收致富。构建"三级受益"模式。第一级受益模式:景区务工得薪金,累计为当地居民提供 600 多个固定岗位,人均年收入可达 3.5 万元以上。第二级受益模式:农资流转得租金,企业与村民签订租赁合同,农户每年每亩可得 600—900 元不等的土地、林地租金。第三级受益模式:投资入股得分红,由 54 名村民和员工众筹而成的哆淇乐休闲吧,年底分红人均超过 3000 元。与此同时,大龙村采取市场化思维,整合破碎化生态资源,以"风景"折价入股丫山旅游度假区搞旅游增收,村集体经营性收入从 23.6 万元增加到 150 万元,个人分红从每年 100 元增加到 1000 元。

近年来,一些地方探索搭建自然资源收储整合运营平台,着力破解生态资源分散难以统计、碎片化生态资源难以聚合、优质化生态资产难以提升、社会资本难以引进等问题。通过借鉴商业银行分散化输入和集中式输出的方式,集中开展自然资源资产产权登记、规模整治、转化提升、市场化交易和可持续运营,对碎片化的自然资源进行集中收储和整合优化,转化成连片优质的"资产包",引入资本和专业运营商具体管理,打通了资源变资产、资产变资本的通道,有效促进了生态产品优势向经济发展优势的转化,是搭建交易平台、促进供需精准对接的有益探索。

专栏4-11　福建省顺昌县探索森林资源资产
集中收储经营模式

2003年以来,福建省持续推进集体林权制度改革,基本完成了"明晰产权、承包到户"的改革任务,有效激发了林农发展林业的主动性和积极性。近年来,伴随着市场发展环境的变化,林权分散导致的经营粗放化、破碎化问题不断出现,以南平市为例,76%以上的山林林权处于"碎片化"状态,农民人均林地近15亩,森林资源难以聚合、社会资本难以引进、资源资产难以变现等问题日益凸显。

2018年,南平市顺昌县创新开展"森林生态银行"试点探索,借鉴商业银行"分散化输入、整体化输出"的模式,搭建森林资源管理、开发和运营平台,成立由顺昌县国有林场控股、8个基层国有林场参股的福建省绿昌林业资源运营有限公司,作为"森林生态银行"的市场化运营主体,推进森林资源抵押、赎买、整合、经营等,积极探索生态产品价值实现新模式。在前端,采取林权抵押、赎买、合作经营、租赁、托管等模式将分散的林木资源集中收储,与林农结成利益共同体,试点以来累计收储林地面积8.39万亩,通过平台公司的集约化规模化经营,有效提升了林地综合效益,增加了村集体和村民收入。在中端,通过建立林权交易平台、担保公司、产业基金等组成的林业金融服务体系,将金融资本导入林业及相关产业。同时,依托内外部技术力量,创新种苗、抚育、碳汇方法学等技术,实施森林可持续认证,对接融入国际林业市场,实现林业质量精准提升。在后端,做好花卉苗木繁育、原料基地建设、林下经济发展、森林旅游康养等经营业务,促进林业一二三产融合发展。

通过采取平台公司集中收储经营的模式,顺昌县森林出材量比林农分散经营提高25%左右,部分林区每亩林地的产值增加超过2000元,单产价值是普通山林的4倍以上,有效提升了森林资产价值和生态承载能力,增加了当地林农的收入,实现了资源与资本的双赢,为现代林业经营提供了有益借鉴。

（六）高效实施生态产品价值实现工程

生态环境治理和保护修复的很多方面往往具有公益性和准公益性,目前很多没有成熟的商业模式,完全靠政府资金投入已经难以为继。特别是一些针对各类污染要素,融合污染治理措施、生态修复手段、环保基础设施等的系统性生态环境治理保护修复项目,如果没有其他要素资源的介入,通过协同实施生态产品价值实现项目,将难以实现财务资金的整体平衡,最终生态环境治理保护修复也难以为继。因此,要大力支持基于生态环境系统性保护修复的生态产品价值实现工程建设。通过前瞻谋划前端生态环境系统整治与后端生态产品价值实现项目相结合的发展模式,因地制宜地实施生态环境系统整治及其基础上的生态产品价值实现工程,由此产生的额外收益可以在完成治理保护修复生态环境的前提下充分实现生态产品价值,有效挖掘整治后良好生态环境蕴含的经济价值,能有效缓解政府环境整治的财政压力,推动生态环境保护修复治理可持续发展。

谋划生态产品价值实现工程,首先要科学合理划定生态产品价值实现的地域范围,充分调查研究生态环境现状,准确识别各类生态环境问题及其有机关联,并系统设计综合性、整体性、一体化的生态环境治理保护修复项目;在此基础上,精准识别区域内可以进行市场化经营开发、促进生态产品价值实现的各类资源要素,如优美的原生态景观、历史文化遗存、废弃矿山、工业遗址、古旧村落、农村耕地、建设用地等,在严格保护生态环境的前提下,因地制宜、分类施策进行原生态的修复改造提升和必要配套设施建设,如自然风光原生态提升、废弃矿山及工业遗址环境治理和生态化修复、历史文化遗存原生态保护和修复、古旧村落环境系统整治和生态修复提升、农村耕地绿色化生态修复改造等项目,以及必要的周边交通能源等基础设施、基本公共服务设施、物质供给类生态产品精深加工产业园区配套设施建设项目,使生态环境治理保护修复项目与生态产品价值实现项目协同融合、共同促进,从而实现生态环境治理保护修复的财务资金平衡,形成投入资金可平衡、生态环境保护可持续、生态产品价值可变现的良性循环。

三、促进生态产品价值增值

要在严格保护生态环境的前提下让提供生态产品地区的居民就近致富、享有基本相当的生活水平,切实提高保护修复生态环境的思想自觉和行动自觉,只有通过科学合理地推动生态产品价值实现工程建设,让生态产品经营开发主体回收建设和维护运营成本并合理盈利,让共同参与生态产品经营开发的当地居民获得超过外出打工的合理收益,才能够有效加以实现。这就需要可持续的生态产品价值变现和相应规模的溢价增值,以有效覆盖建设维护运营投入并稳步提高各方面的合理收益。特别是,随着未来提供生态产品地区的居民要与其他地区同步实现共同富裕,就更需要以同步持续提升生态产品相应的溢价价值来保障。促进生态产品价值增值,既要通过品牌培育来提高溢价价值,也要通过认证评价和质量追溯等方式来保值增值,确保实现生态产品物超所值。

(一)打造生态产品区域公用品牌

当前,我国生态产品市场面临经营主体小而散、产品乱而杂、经营方式粗放无序等问题,其深层次原因是生态产品缺乏强有力的信用背书,无法向消费者传递可靠可信的稳定预期,导致经营者相互竞争压价,生态产品优质不优价,既不能保障生产与经营者的积极性,也不能保护生态产品的稀缺性。打造生态产品区域公用品牌,就是要借助政府信用或社会公益组织信用作为公信力背书,联合区域内各类符合条件的生态产品经营开发主体抱团发展,打造特色鲜明的生态产品区域公用品牌,并以品牌培育和产品标准化建设为重点,不断提升产品附加值和溢价价值。同时,注重发挥品牌、市场、营销的协同效应,拓宽品牌传播渠道,实现从无到有、从有到强,提高生态产品销量和市场影响力。

专栏 4-12　辽宁省盘锦市探索生态产品经营开发 "小二"模式

盘锦市位于辽河三角洲核心地带,拥有 2165 平方公里自然湿地,各类野生动物 699 种,被誉为"黑嘴鸥之乡""湿地之都"。由于所处地区拥有适宜的温度、光照、水质以及偏碱性的土壤等综合环境,连绵成片的稻田与自然湿地相伴,形成了 160 万亩人工湿地。盘锦市近年来依托良好的生态环境,以小二认养、小二农场、小二米酒等为代表的"小二"系列生态品牌为切口,探索政府主导、企业和社会各界参与、市场化运作、可持续的生态产品价值实现路径,有效促进了农民增收、产业增值、生态增绿,在建立特色生态产品经营开发机制等方面探索形成了经验。

(一)从"给自己种地"到"给别人种地",农民变身"小二",实现了生态产品经营开发的业态嬗变。2015 年,史洪亮首先创立了"小二"认养基地,带领当地农民当起了代人种地的"小二",吸引城里人在农村"认养一亩田",促进了资源要素在城乡间的有效流动。盘锦市以大洼区新立农场为试点,创新"互联网+认养农业"新模式,倒逼农产品品质提升,经营销售以盘锦大米为代表的系列绿色高品质农产品,受到消费者追捧。同时,依托生态认养农业强力"引流"效应,全域规划建设美丽乡村,打造具有东北特色的"黑风关古镇"、东北最大民宿品牌"稻作人家"以及"会呼吸的"米仓特色民宿。

2022年上半年,全市农村居民人均可支配收入为13342元,排名辽宁省第一。

(二)从"单打独斗"到"协同作战","小二"变身"盟主",实现了生态产品经营开发的模式创新。盘锦市通过组织引导全市28户稻米产业重点企业,在国内率先组建大米产业联盟,把小而散的企业凝聚起来,形成行业协会、产业联盟、实体公司合一的"利益均沾、风险共担"管理机制。把一家一户的农民通过订单、土地流转、股份合作等方式联结起来,整合土地13万亩,建立统一的农业大数据平台和产品质量二维码追溯系统,构建"区域公用品牌+联盟品牌+产品品牌"三位一体的品牌矩阵,有效推动盘锦稻米产业的生产标准化、经营规模化、品牌生态化发展。目前,盘锦市稻米产业的总产值已突破180亿元,盘锦大米的品牌价值已达到570亿元,成功纳入首批中欧地理标志协定保护名录。

(三)从"烧火做饭"到"吃干榨净","盟主"引来"创客",实现了生态产品经营开发的价值跃升。近年来,盘锦市进一步放大"小二"效应,创新建立项目管理"店小二"模式,依托盘锦大米产业联盟开展科技特派工程,大力推广"蟹稻共生"高效立体生态综合种养模式,实现化肥减量6.38%、农药减量14.34%。引进北方耐盐碱水稻袁隆平院士专家工作试验站,推动锦稻109等4个品种优质水稻品种繁育及生产,耐6‰盐度"海水稻"实验品种稳定性种植试验亩产达到400公斤。在此基础上,培育发展小二米酒、小二米醋等"老"字号,深化与江南大学等院校合作大力开发"新"字号,用稻壳灰制取活性炭和白炭黑等产品,用碎米发展蛋白粉、淀粉糖等功能性食品,用米糠精炼稻米油、米糠蜡、谷维素、天然阿魏酸等高附加值产品,促进全产业链价值倍增。

打造区域公用品牌,要立足区域优势资源禀赋,围绕区域优势特色产业,筛选具有地域特色和发展潜力的生态产品,整合生态产品经营开发主体,形成竞争力强、美誉度高的区域公用品牌。支持产业联盟、行业协会、企业等多主体共建区域公用品牌,在商标标识、质量标准等方面加强协调,宣传推介区域公用品牌形象。加强区域公用品牌运用、价值评估和知识产权融资,强化区域公用品牌使用管理和保护。加强区域公用品牌展示推广,推动区域公用品牌与生态文明建设、历史文化传承、乡村振兴、共同富裕等有机融合,提升区域公用品牌影响力和产品附加值。

专栏 4-13　浙江省丽水市打造"山"字系区域品牌赋能生态产品价值实现

丽水市是华东地区重要生态屏障,森林覆盖率高达81.7%,水和空气质量常年居全省前列,优质的自然环境造就了丽水得天独厚的生态本底。但是,由于生产主体大都分散于"九山半水半分田"中,难以形成规模,缺乏品牌运作,产业培育和发展受到制约,绿水青山蕴含的生态产品价值难以转化成"金山银山"。

在此背景下,丽水针对区域生态产品小而散、同质化竞争、优质不优价等问题,围绕品牌建设开展了一系列制度设计,探索依托农业、旅游业为核心的生态产业化发展之路,先后构建"丽水山耕"生态产品、"丽水山居"田园民宿、"丽水山泉"高端水产业、"丽水山景"乡村旅游等区域公用品牌,创新建立以品牌为引领的一体化公共服务体系,成功培育出多个新经济增长点,走出了一条品牌融合下的生态产品价值实现新路径。

(一)政府主导,整合推动品牌运作。2014年,为提升生态产品竞争力,丽水市政府提出整合全域资源,培育打造全区域、全品类、全产业链大品牌的构想,编制品牌战略规划,系统策划品牌运营管理方案,构建起一套科学、完善的"母子品牌"运行模式,并成功注册"丽水山耕"全国首个地市级区域公用品牌。2019年4月,"丽水山居"集体商标注册成功,成为全国首个地级市农家乐民宿区域公共品牌。2021年底,丽水发布乡村旅游特色业态专用品牌"丽水山景";2022年4月,"丽水山泉"商标正式核准注册。"山"字系品牌由政府主导设立、协会注册集体商标、国资公司运行管理,凝聚了政府与市场、生产者与服务商等各方面合力,确保了品牌的公益性,有力地推动了生态产品品牌化发展。区域公用品牌打造充分发挥了政府在品牌建设中的作用,通过整合地方品牌资源,打破生态产品"多、小、散"的瓶颈,打造出了强大的品牌核心竞争力。

(二)统一标准,保障生态产品品质。丽水市制定出五大"丽水山耕"产品标准,统一规范"丽水山耕"生态产品的生长环境、种(养)殖环节、加工过程等要求,形成覆盖全类别、全产业链的产品标准体系和生产经营全过程的管理标准体系、质量安全追溯体系。同时,发布《"丽水山居"民宿服务要求与评价规范》《"丽水山景"建设与服务规范》等系列区域公用品牌标准,以标准化为抓手,进一步提升品牌建设和运营水平。

(三)授权从严,强化品牌商标保护。丽水市不断强化知识产权保护理念,紧抓品牌管理这一关键环节,切实做好品牌商标保护。以"丽水山耕"为例,在申请注册"丽水山耕"集体商标的同时,申报"丽水山耕"美术作品及辅助图形的版权保护;制定"丽水山耕"区域公用品牌管理制度,规定丽水市范围内纳入质量安全追溯管理系统且通过检验,并在仓储能力和储运条件上达到要求的,才可使用"丽水山耕"品牌。同时,建立"丽水山耕"品牌产品认证模式,通过商标使用协议、统一包装物、质量保证金、实地质量抽查等措施,全过程规范商标运用。

(四)宣传推介,拓宽产品交易渠道。通过举办活动、借助平台、媒体宣传等方式,向外界展示丽水"山"字系品牌形象,提高品牌知名度,拓宽生态产品输出渠道。在上海、杭州等城市举办"丽水山耕"精品集市、开设"丽水山耕"产品社区店,推动产品"进机关、进社区、进家庭",不断扩大产品销售范围。举办了"丽水山景"乡村旅游线路产品设计大赛、"丽水山居"农家乐民宿 Logo 和宣传口号征集大赛等活动、邀请"世界围棋第一人"柯洁出任"丽水山泉"品牌代言人,通过新闻媒体宣传与推介,不断提升生态产品的社会关注度,便捷优质生态产品输出渠道。

　　"丽水山耕"在标准化生产、信息化服务、金融化改革、电商化发展等产品供给侧环节,形成市场化的一站式全产业链公共服务体系,大大增强了生态产品供给侧对需求变化的适应性和灵活性。"丽水山居"从"山居民宿"发展到"乡村小微综合体",满足消费者多元化的需求;"丽水山景"建设涵盖度假农庄、运动休闲基地、果蔬采摘基地、自驾车旅居车营地以及乡村酒店等五大业态,为消费者乡村旅游提供优质的选择导向;"丽水山泉"为消费者提供高端天然矿泉水,实现"优水优用"。区域公用品牌的背书,为区域优质生态产品打响了知名度,有效提升了生态产品溢价价值。"丽水山耕"品牌产品历年销售额均超百亿元,平均溢价率超 30%;2021 年,"丽水山景""丽水山居"接待游客 2660 万人次,比上年增长20%,3380 家农家乐民宿,营业总收入达 24.6 亿元;以"丽水山泉"为代表的水产业,共谋划项目 88 个,概算总投资 866 亿元。"山"字系品牌有效助推丽水农民人均可支配收入增幅连续 13 年居浙江省首位。

（二）构建具有中国特色的生态产品认证体系

构建生态产品认证体系,是为生态产品贴上独特身份标签的重要基础保障,主要包括制定认证标准、认证规范和认证程序三部分内容。生态产品的认证标准主要围绕生长环境、获取途径、加工工艺、规格品质等方面,借鉴国际可持续农产品领域相关认证标准,按照具有中国特色的生态产品分级分类原则,科学合理设计生态产品认证指标体系。在制定认证标准的基础上,相应制定生态产品认证管理办法、认证机构及相关检测机构管理办法等认证规范,以及认证审核受理、现场审核等认证程序。

构建具有中国特色的生态产品认证体系,首先是要从产品经营开发角度把握生态产品的内涵要义,以有针对性地建立分级分类的标准体系。生态产品应当是指在原生境下自然生长或依赖良好的生态系统,遵循自然规律,可持续开发利用且具有经济价值,经认证获得专用标志使用权的物质供给、调节服务和文化服务类产品。以物质供给类生态产品为例,可以依据人类活动对环境的扰动程度,以生态产品的生长环境、生产过程和产品质量为衡量标准,将物质供给类生态产品分为三级。一级产品以原生境条件为主,强调产品自然属性,产品生长过程无人为参与,产品质量检测符合自然生长特征;二级产品以良好的生态系统为主,强调生态保护,产品生长过程采取人放天养、自繁自养的原生态种养模式,人为参与较少,产品质量检测基本符合自然生长特征;三级产品以良好的生态系统为主,强调绿色环保,产品生长过程有人为参与,但人类活动应有利于生态系统保护修复,允许部分受严格管理的原生态除病虫害和增加地力的人工举措,产品质量检测无禁用物质成分。从这个意义上讲,中国特色的生态产品认证标准明显高于目前国际上的同类标准,可以更好彰显我国作为全球生态文明建设重要参与者、贡献者、引领者的大国责任担当。

专栏4-14　北京市密云区开展生态产品认证体系建设

密云区生态禀赋丰厚,森林资源蓄积量稳居全市第一,湿地面积全市最大,空气质量全市最优,拥有华北地区最大水库——密云水库,是北京重要的地表饮用水源地、水资源战略储备基地、面积最大的生态涵养区。近年来,密云区依托构建生态产品认证体系,通过市场化运作探索"强保护、育产品、树品牌、建体系、促增值"的生态产品溢价增值路径,实现生态保护者受益。

(一)生态保护优先,大力培育生态产品。密云区把保水保生态作为头等大事,多措并举、多领域协同推进营建良好生态环境,依据生态产品分类,优中选优,大力培育出冯家峪镇中华蜂蜜、密云水库鱼、不老屯麦饭石矿泉水等物质供给类产品;太师屯镇邑仕庄园葡萄酒等调节服务类产品;北庄镇、古北口镇等依托长城历史文化发展特色精品民宿等文化服务类产品。

（二）推动融合发展，建平台树品牌。完成密云水库鱼品牌注册和有机认证，吸引无数游客慕名尝鲜，搭载美团电商平台即时零售快车，开渔仅两周，平台销售量超过 5000 公斤。积极培育蜂产业，打造独具特色的"悬蜂谷"，建设集农事体验、文化游览、中蜂创意产业、科普教育、亲子休闲等功能于一体的休闲农业体验目的地，搭建蜂产品追溯系统和蜂业智慧管理平台，打造国家级蜂产业标准化示范基地、蜂产品深加工基地和成熟蜜生产基地 22 个，获得绿色认证、生态原产地保护认证和欧盟有机认证。依托鱼王美食节、波尔多葡萄酒节、长城文化节、世界蜜蜂日等大型推介活动，推广生态产品的影响力和市场价值。

（三）构建认证体系，提升市场认可度。研究提出数字化的生态产品认证体系建设总体思路，即借鉴欧盟、美国和日本有机绿色产品认证经验，参照国内"三品一标"、国家森林生态产品认证及植被、土壤、水、环境等标准，研究提出北京市生态产品认证标准体系。同时，通过物联网系统，架构产地环境、生产管理、采收商品化处理、产品销售等整个产业链环节相关信息，最终以智慧化的信息向消费者展示生态产品，实现整个链条可溯源，确保生态产品绿色、优质、安全。通过对影响生态产品产出的各类环境因子指标进行梳理，初步搭建了常规类（植被、空气、土壤、水、微生物群落等）、重点类（产品质量安全等）以及其他类指标，初步建立生态产品认证指标体系框架。对物质供给、调节服务及文化服务三大类生态产品，分别建立分级分类的认证标准。其中，量化评价指标和确定分级分类的阈值是体系构建的核心。生态产品设三级标准，按照生态价值和环境扰动程度来进行区分，一级为最高，三级为最低，但均高于国内外现有绿色有机产品认证标准，是下一步国际互通互认的基础，拟进一步促进同欧盟认证标准互认。

当前和今后一段时期，要在进行试点探索的基础上，结合具体实践和经典案例校验，抓紧制定完善生态产品认证标准规范程序，加快构建具有中国特色的生态产品认证体系。要在严格执行认证标准要求的基础上，选择一批品质优良的生态产品，通过全过程质量追溯并加强市场监管，确保经得起国内外的严格检验，切实树立我国生态产品的品牌形象、质量水平和竞争能力。同时，注重采取多种方式与国际同类标准加强沟通交流，解读宣传好中国特色生态产品认证标准的优势，运用品质优良的生态产品讲好中国故事，切实提高全球知名度和美誉度，以获得国际社会的普遍认可，为畅通国际市场路径奠定坚实基础。

（三）建立生态产品质量追溯机制

建立生态产品质量追溯机制，确保产品全过程监管追溯，有利于提升生态产品市场认可度和消费者信任度。要充分运用互联网、大数据、区块链等先进技术,完善多层次、多维度的质量管理监测评价体系,强化生态产品生产、分配、流通、消费等环节监管。利用大数据技术开展生态产品数据搜索、统计、分析、整理等,提高对生态产品的数字化监管能力,实现生态产品信息可查询、质量可追溯、责任可追查。目前,电商平台领域已探索运用一物一码技术,实现产品生产加工、包装仓储、渠道物流、终端销售、真伪查询、数据分析等产品全生命周期信息记录追溯管理,有效提升了产品品牌价值和企业综合竞争力。同时,让消费者对其购买或认购的产品进行全生命周期监控,增加了消费者对产品的消费需求和认可度。

建立生态产品质量追溯机制,要根据生态产品分级分类原则,实施生态产品供给端、加工端、流通端等全过程无死角的质量监管。以物质供给类生态产品为例,生产基地要及时记录标识生态产品生长环境的空气质量、水质量和土壤质量等信息,生态产品生产过程的添加物成分信息、生态产品的采摘方式和采摘工具信息等;生态产品加工企业要对生态产品精深加工过程的工艺流程和包装环节进行详细的信息记录;运输商要对物流运输过程中可能对生态产品质量产生影响的相关信息进行记录和标识;销售商要对生态产品保存环境、保存时间等信息进行记录,形成完备的全链条质量追溯信息链。此外,还要搭建集追溯功能、赋值动态二维码、拆用分离式标识结构、地理位置服务、大数据分析功能与查验为一体的企业端、监管端、消费端全部可查询的追溯体系基础平台,建立监管有力的追溯体系监管机制,对纳入追溯体系平台的企业进行定期巡查和不定期"飞行检查",督促企业严格按照生态产品认证标准进行生产经营,保证生态产品质量。

(四)建立生态环境保护修复与生态产品经营开发挂钩机制

生态环境保护修复是典型的公共物品供给行为,对全社会具有明显的正外部性,往往由政府主导负责,但政府经常面临财政资金的有限性和大量生态环境保护修复资金需求之间的矛盾,需要引入社会主体和社会资本来缓解这一矛盾。然而,生态环境保护修复存在投入巨大、风险较高、回报收益周期较长等的制约因素,导致市场主体主动参与的积极性不高,这就需要将生态环境保护修复与生态产品经营开发权益挂钩,为其搭配一定的具有成熟商业模式可以获取稳定收益的资源和资产。一些遭到破坏形成的荒山荒地、黑臭水体、石漠化,经过治理之后往往变得山清水秀、风光宜人,但这一过程需要大量的投入,如果仅仅是从治理成本投入和收益算账,根本无法平衡,所以要允许开展荒山荒地、黑臭水体、石漠化等综合整治的社会主体,在保障生态权益和依法依规的前提下,在已经恢复好的区域范围内利用一定比例的土地发展生态农业、生态旅游等获取合理的回报和收益,既能充实生态环境保护修复资金,也可以在保护的前提下实现可持续发展。

近些年来,很多地方都在积极探索生态环境保护修复与生态产品经营开发相衔接的机制,初步形成了一些可供借鉴参考的经验做法。以矿山修复为例,山东威海华夏城建设以矿山生态修复后生态环境改善带动社会资本投资,进而带动产业发展和生态就业;安徽淮北绿金湖采煤塌陷地治理采用政府和社会资本合作(PPP)方式,探索形成了解决历史遗留问题与发展新产业相结合、矿山环境治理与城市规划建设结合的成功模式;云南大板桥探索出一条资源复合利用、经济开源节流的矿山生态复兴路子;河南辉县市五龙山响水河乡废弃矿山生态修复激活了贫困地区的土地、劳动力、资产、自然风光等要素,拉动一二三产业联动发展。

(五)保障参与生态产品经营开发的村民利益

保障参与生态产品经营开发过程中的村民利益,是推动生态产品价值实现、促进共同富裕的根本要求。从已有实践探索看,参与入股分红是保障农民在生态产品经营开发中获取普惠性收益的主要方式。所谓农民入股,是指农民将个人的资源、资产、资金等,作价出资或入股到经营主体,成为股东参与分红,主要有"农民+合作社+公司""村集体+公司"等多种经营形式,其核心是实行"股份制合作",让农民拥有股份,获得生态产品经营开发过程中的红利。特别是允许农民以生态资源的使用权入股,能有效盘活分散的存量生态资源,形成规模化经营,提高经济效益。

专栏 4-15 山东省蒙阴县百泉峪村发展乡村生态旅游
实现富民增收

百泉峪村位于蒙山北麓、紧邻蒙山云蒙景区,生态环境优美,矿产资源丰富,因依山多泉而得名。曾一度靠花岗石开采带动村民增收和村集体经济发展,给生态环境造成了严重破坏。近年来,百泉峪村转变发展思路,大力推进生态环境系统治理,积极发展乡村生态旅游,走出了一条生态保护、经济发展、村民受益的生态产品价值实现路径,实现了村民就近就业、增收致富、村集体经济快速发展的共赢局面。

一是坚持政企联合,推进生态环境系统保护修复。百泉峪村将生态修复与经营开发相挂钩,引入社会主体投资 6400万元,实施废弃矿山生态修复,完成荒山绿化 1 万多亩,修筑大小塘坝 14 个,矿坑蓄水形成水系。先后投入 3000 多万元,实施"三通四改五化"工程,全村栽植绿化、景观树木 8 万余株,发展经济林 1600 多亩,铺设旅游观光路 15 公里,安装路灯 80 余盏,建设生态湿地 1800 平方米,建成社区服务中心、动植物园等 9 个片区,生态环境持续向好,人居环境不断改善,逐步形成绿色发展和宜居生活相互融合的和谐格局。

二是推动文旅融合,实现村民共享生态红利。百泉峪村坚持景村一体,借助紧邻蒙山云蒙景区的区位优势,聘请专业团队和旅游专家进行总体规划设计,打造蒙山养心园休闲旅游度假村。实行统一规划开发、统一经营管理、统一品牌营销、统一登记接待、统一结算收费、统一服务标准的"六统一"
经营模式，引导农家乐、民宿、农副产品销售等经营开发，将红
色文化、绿色生态和传统家风、村史传承一体发掘，建成村情
民俗展馆、文化创意中心等设施，吸引了一批艺术机构和艺术
大师常驻，形成了"生态＋产业"的发展模式。目前，百泉峪村
年接待游客 4 万余人次，综合旅游收入 1000 多万元，村民增
收 200 多万元，村民在保护生态环境的同时，得到了实实在在
的收益。此外，还通过土地开发、高标准农田建设等工程，发
展采摘园 1600 亩，策划推出采摘节、认养节等活动，承包群众
户均增收 10 万元。

　　三是创新绿色金融，助力生态旅游可持续经营。以蒙阴
县深入推进"两山"实践创新基地建设为契机，百泉峪村和中
国环科院合作，率先开展生态产品总值（GEP）核算，发布了
山东省首份村级 GEP 核算报告。经初步核算，百泉峪村生态
产品总值近 1 亿元，单位面积生态产品价值为 29.67 万元/公
顷。报告发布后，积极与蒙阴县农商银行等金融机构对接，争
取到"助栗贷""楸树贷"等绿色金融产品，为乡村旅游可持续
发展注入了金融"活水"。充分发挥绿色金融的杠杆作用，撬
动更多社会资本参与，开发建成千年夫妻槐、千年古井、仙女
玉池等景点 20 余处，开办画院 5 家，改造民居 78 套，推动金
融赋能生态资源增值。

　　以农民入股为代表的新型农村经营模式，解决了长期以

来农民利益被边缘化的问题。以往农村生态产品开发经营过程中,部分地方政府以追求短期政绩最大化和地方效益最优化为目标,村民在村庄经营中的社会福利增进有限,且存在资源被侵占的问题。2016年农村集体产权制度改革以来,各地有序推进经营性资产股权合作制改革,规范建立农村集体经济组织,探索集体经济发展的新模式。农村集体经济组织作为特别法人,可以自主从事经营活动,也可以出资设立或者参与设立公司,依法从事经营活动。此外,农村集体经济组织可以将土地资源的经营权或使用权、房屋或设备等固定资产使用权,以及集体积累资金入股各类市场主体,实现集体资产增值。村民以多种形式入股成为股东,获得生态产品经营开发过程中的长期红利,解决了长久以来农民利益保障力度薄弱的难题。

专栏4-16　安徽省黟县"塔川书院"引领整村推进生态产品价值实现

　　黟县是古徽商聚集地和徽文化发祥地之一,生态资源优势明显,森林覆盖率84.8%,素有"桃花源里人家"美称。塔川村位于黟县宏村镇塔川盆地,始建于明代,距今已有550余年的历史,是黟县桃源中众多独具魅力山间村落之一。塔川村形似"塔",背倚高耸云端的黄山西南余脉黄堆山,遥对碧波荡漾的十里奇墅湖,粉墙黛瓦,飞檐翘角的二三十幢古民居依山而建，层层叠叠，错落有致，远远望去，好像一座巨型宝塔，藏身在山谷之间，掩映在浓荫丛中。一条清溪破土而去，依山潺潺流下，穿村而过，直奔风景秀丽的奇墅湖。村庄因有"川"过而富有无穷灵气，清溪也因穿"塔"而更显活力。尽管塔川村距离世界文化遗产地宏村景区仅2公里，但并没有享受到景区发展带来的红利，整体生活状况并不富裕，2015年400余户村民，年收入14760元/人，村集体收入10.9万元，处于宏村镇中低收入村。

2017年以来，塔川村引进专业团队和公司，完成古民居房屋的租赁和使用权转让，租用徽派民居在保持建筑原貌的前提下进行二次设计改造，打造了塔川书院高端度假型民宿。整体风格为多组团徽派园林群落，结合塔川村乡村特色的地势、溪流、田园再现诗词意境，呈现移步换景、以小见大的徽派传统园林造园艺术。塔川书院运营6年以来，探索形成的"景村共生"整村推进生态产品价值实现成功模式，取得了积极成效并已在省内外得以复制推广。

（一）生态保护与生态产品价值实现良性循环。配套实施"三线下地"工程、村庄美化工程和高标准农田建设项目，种植油菜、荷花、向日葵等景观作物和梅花、八角枫、桂花、菊花等观赏植物，打造塔川村南侧与宏村村东侧1000余亩农田田园风光衔接段节点，村容村貌焕然一新，村庄变花园，整村生态环境和人居环境持续向好，实现了从秋季有景到四季有景，慕名而来的游客逐年增多。据统计，游客从2010年的3.6

万人次增长到 2019 年的 17.95 万人次,旅游收入由 2010 年的 57.94 万元增长到 2019 年的 396.4 万元。

(二)以民宿为载体的生态产品溢价得到市场认可。塔川书院是当地生态产品价值实现的主要载体,开业以来持续得到市场高度认可,民宿价格基本没有受到疫情影响。2022 年,单间客房价格在 1900—3000 元之间,两居室套房价格超过 6000 元,而同期黄山市最高端的五星级酒店单间客房价格也只在 600—1000 元之间。可见,塔川书院周边自然山水、人文环境等生态产品的价值,通过塔川书院载体得到了充分实现,并最终以市场 3 倍以上溢价的方式表现出来。

(三)塔川书院运营模式助力村民致富。塔川书院坚持"发展依靠村民、成果惠及村民"的理念,通过租赁村民房屋、稻田,聘用农业种植员、客房服务员和园林管护员等方式,与当地村民共享生态产品价值实现成果,实现了地方产业和村民"获得感"的双提升。据统计,村民出租房屋年获得租金 3 万—10 万元,此外通过出租田地、参与民宿运营领取工资收入,加上每年景区的旅游经营分红,村民收入稳中有升,人均收入已由 2015 年的 14760 元增长到 2021 年的 22907 元,高于全省农民平均收入 4500 元,村集体收入由 2015 年的 10.9 万元增长到 2021 年的 50 万元,村民实现了就地就业、增收致富。

(四)加快推动当地产业集聚发展。以塔川书院为龙头,塔川村从开始的 30 余家民宿,发展到了今天的 72 家"塔川民宿集群",从业人员由原来的 90 余人发展到 200 余人,形成高中低端民宿错位发展、配套发展的规模效应。与此同时,通过塔川书院对接,已与 50 多位塔川书院会员签订协议,精准带动农业、养殖业、乡村生态度假产业发展。在塔川书院的示范引领下,塔川村有近四分之一农户经营农家乐,还有村民通过塔川书院平台采用"订单式供应"模式,经营售卖自产蜂蜜、竹笋、香榧等农产品,平均价格高于同类产品市场售价的 20%—30%,仅销售农产品每户可增收 8000 元以上。初步形成了"民宿+农产品+农事体验"的产业体系,为助推乡村可持续发展和实现共同富裕打下了坚实基础。

(六)加大对生态产品价值实现机制探索地区的支持力度

我国生态条件良好地区大多地处偏远、比较落后,优质的生态产品难以及时通过市场交易变现。对有意愿、有条件探索生态产品价值实现机制的地区,如国家生态产品价值实现机制试点地区、国家生态文明试验区、国家重点生态功能区等,加大基础设施和基本公共服务设施建设方面的支持力度,补牢生态产品价值实现的短板,能有力推动打通绿水青山转化为金山银山的瓶颈制约。如在严格保护生态环境的前提下,给予地处偏远但具备优良生态环境或特殊生态资源(冰川、沙漠、雪山)的地区交通和能源等基础设施支持政策,通过发展旅游观光、探险、科考等产业吸引各类消费者,推进生态产业化,带动当地居民就地就近致富。再如,积极支持生态产品价值实现机制探索地区基本公共服务设施建设,提高当地居民的基本公共服务水平,帮助居民解决后顾之忧,增强当地居民保护生态环境的意愿,提升生态产品供给能力。

对开展生态产品价值实现机制探索的地区,要采取多种措施,大力支持交通、能源等基础设施和基本公共服务设施建设,支撑挖掘良好生态环境蕴含的经济价值。一是因地制宜支持基础设施建设。生态产品供给地区往往因经济欠发达,很多地方尚未有效接入国家交通主干网络体系,这就需要结合各种运输方式的技术经济特性和当地自然地理条件的制约,加快建设"连线入网"的桥梁、隧道、快速路、乡村道路等接续性交通项目,确保这些地区能够便捷地融入交通主干网络体系,为实现生态产品价值提供保障。与此同时,也要结合当地的自然资源禀赋,因地制宜地支持当地发展水能开发利用和风电光伏等分布式能源,条件具备的还可以打造风光水煤互为补充的一体化大型可再生能源基地,为深化生态产品价值实现机制探索奠定基础。二是提升基础设施服务能力和水平。一些开展生态产品价值实现机制探索的地区,由于位置偏远经常会遭遇"有机场无航班、有车站无车次"的窘境,这就需要航空公司、铁路集团等统筹考虑安排这些地区人流物流出行的便利性,通过开设直达重要城市的航线、车次等方式提升运输服务能力,或利用通用航空覆盖范围广、灵活性高、成本低的特点发展中短途运输,切实解决这些地区的交通出行条件。三是加大资金投入力度。一方面,要提升中央预算内资金支持力度,积极引导各类金融机构在风险可控的原则下提供融资贷款支持,也鼓励社会资本积极投资建设;另一方面,还可以采用结对帮扶机制由生态产品受益地区支持生态产品供给地区完善各类基础设施建设。

专栏4-17　华夏航空架起空中通道助力生态产品高效快捷流通

华夏航空成立于2006年,长期专注于支线航空运输,针对三四线城市物流链条长、成本高、溢价低、无标准等痛点,积极构建促进城乡要素畅流的通道,提供"从通达到通融"的解决方案,服务地方乡村生态产品融入全国大市场。近年来,华夏航空与国内17家航空企业通过运力共享、运单互认、航线置换等方式建立了腹舱资源合作,编织出一张连接全国的货运通程网络,将生态良好地区的生态产品输送到各地,既带动帮助了生态供给地区居民获得收入,也降低了自身运营成本,实现了企业发展与群众致富双赢。

(一)"产销直连、运销一体",助力地方生态产品广开销路。聚焦新疆、内蒙古、西北、贵州等支线航点,精选时令水果、康养食材、优质乳品、特色酒水等地道物产,开发"航空网+社会网"的综合销售网络,全面助力地方特产广开渠道。截至目前,累计采购地方生态产品 300 余吨,销售渠道覆盖全国 31 个航点城市,涵盖民航机场、城市电台、批发市场、社区团购等多种业态。如华夏航空的"生态产品运输专班",应季时节针对生态产品供给地提供航空运输专项服务,开通"番茄号"、"小白杏号"、"大闸蟹号"等近 20 趟货运专班,通过通程网络将百余吨生态产品由田间地头集散至全国。特别是对于有着高时效要求的地方特色生鲜,华夏航空还针对性优化网络,极大提升了生鲜供应的覆盖范围与服务效率,助力当地增收创收。如新疆焉耆酸奶,其保质期只有 21 天,原本受制于运输条件仅在南疆地区销售,华夏航空为厂家优化运输路径,提出并实施"运输销售包装一体化"解决方案,现产品已在全国近 30 个航点城市上架销售;青海巴氏牦牛鲜奶保质期仅7—10 天,华夏航空通过为厂家提供最便捷的冷链运输方案,使其得以实现当日生产,当日即运达西南、华东等地城市,次日上架销售。

(二)航空集成、品牌赋能,为地方特色增添新的商业附加值。积极探索匹配民航运输特点的生鲜供应链,用运输的快保证产品的鲜,用地域的广保证产品的好,通过华夏的文化属性和航空 IP 品牌,走出一条从货品到标品升级、从精品到孤品增值的"集成"创新模式。如 2022 年春节,华夏航空精选新疆阿克苏、甘肃平凉、陕西洛川、山西运城、山东烟台、云南昭通等六个优质产区的苹果,组成汇聚天南地北的平安祝愿的"苹安中国"集成礼品;2022 年中秋佳节,华夏航空与国内东南西北四家中华老字号(上海杏花楼、广州酒家、昆明吉庆祥、北京稻香村)品牌联动,为消费者带去汇聚天南地北的中秋味道的"月满中华",获得消费者广泛赞誉。未来,还将甄选西部地区的牛羊肉、瓜果蔬菜和东部地区的海鲜、禽蛋卤腊制品等,通过航空冷链运输,为地方特色打通"大美华夏宴"的畅销之旅,将三四线城市的优质生态产品从田间带向舌尖。

四、推动生态资源权益交易

生态资源权益包括森林、草原、湿地等自然资源的使用权和经营权以及排污权、碳排放权等环境容量使用权。生态资源权益交易是生态产品市场化价值实现的重要路径,也是实现碳达峰、碳中和目标的重要手段。从目前探索实践看,生态资源权益交易机制尚不完善,没有形成规范统一的市场准则,环境权益交易多处于试点阶段,尚未形成统一的全国市场。因此,要在试点探索基础上,强化顶层制度设计,完善相关保障措施,扩大交易范围和交易量,形成良性可持续机制。

(一)探索生态资源权益指标交易

生态资源权益指标交易,是指在政府设定的生态资源管控或限额基础上开展的权益指标交易,主要包括绿化增量责任指标交易、清水增量责任指标交易、森林覆盖率等资源权益指标交易。这类交易模式实施一般必备两个前提：一是政府通过管控或设定限额使生态资源具有稀缺性，如对某种生态资源提出区域总量控制目标要求；二是政府要将生态资源的管控或限额纳入考核体系，且认可通过交易获取的权益指标，创造对生态资源权益交易的需求，引导和激励达标地区和非达标地区进行交易。在此基础上，生态资源权益指标交易才能稳步开展。

专栏 4-18　重庆市开展森林覆盖率指标交易

2018 年，重庆市印发《国土绿化提升行动实施方案（2018—2020 年）》，提出到 2022 年全市森林覆盖率从 45.4%提升到 55%、2018—2020 年计划完成营造林 1700 万亩。为促使各区县政府主动加强国土绿化工作，重庆将森林覆盖率作为约束性指标，并将 38 个区县根据全市的自然条件和主体功能定位分为三类进行分类考核。同时，考虑到各区县自然条件不同、发展定位各异、部分区县国土绿化空间有限等实际，同步印发了《重庆市实施横向生态补偿提高森林覆盖率工作方案（试行）》，对完成森林覆盖率目标确有困难的地区，允许其购买森林面积指标，用于本地区森林覆盖率目标值的计算。

拟购买森林面积指标的区县，可按照友好协商、自愿交易原则向本市森林覆盖率高于 60% 的区县购买森林面积指标，从而完成本区县森林覆盖率尽责目标任务。对出售森林面积指标的区县，要求必须确保交易后本辖区森林覆盖率不低于 60%。可供出售的森林面积指标是指 2012 年以后人工造林形成的符合国家标准的森林面积指标。森林面积指标交易价格原则上不低于 1000 元/亩；同时购买方还需要从购买之时起支付 15 年森林管护经费，原则上不低于 100 元/亩·年。购买方将指标购买所需的资金纳入年度预算安排，按协议约定支付资金；销售方严格履行对"售出"森林资源的管护责任，同时确保获得的资金全部用于森林资源保护发展。重庆市林业局定期监测各区县森林覆盖率情况，对到期没有达到尽责目标的区县政府，市政府将进行问责追责。

实施以来，全市共签约 10 单横向生态补偿协议，总交易森林面积指标近 40 万亩，总成交金额近 10 亿元。重庆通过建立以森林覆盖率为管控目标的生态保护激励机制和补偿机制，取得了促进生态资源"变现"、助推生态资源"增量"、实现生态与发展"双赢"、推动生态美与百姓富"融合"的成效，激励各方更加主动保护生态环境，提高生态产品供给能力，推动构建生态优先、绿色发展的生态保护长效机制。

生态资源权益指标交易的购买方是生态资源匮乏或未达标的一方，售出方是生态资源基础好或生态资源改善效益好的一方。通常情况下，一般是生态资源匮乏地区或未达标地区政府,或需要开发占用生态资源的企业、个人,通过付费购买指标来达到生态资源管控要求,生态资源基础好或生态资源改善效益好的地区则通过加强生态环境保护修复出售多余指标获得经济收益,形成了生态环境保护者受益、使用者付费的良性导向,推动生态效益与经济效益的统一,实现生态产品供给地和受益地的"双赢"。

不同于林权、水权等产权交易,生态资源权益指标交易仅以政府管控下的指标作为交易对象,不涉及生态资源资产所有权、使用权等有形资产产权的变更,交易的指标一般仅用作生态资源总量控制计算。如重庆江北区和酉阳县之间开展的森林覆盖率交易,就是一种在区域生态资源总量控制制度下,政府之间开展的以森林覆盖率指标为交易对象的资源权益指标交易实践。在不破坏森林植被、促进森林资源总体增长的前提下,所交易的森林面积指标仅用于各区县森林覆盖率目标值计算,不与林地、林木所有权等权利挂钩,也不与各级资金补助挂钩。

(二)健全碳交易机制

我国生态文明建设已进入了以降碳为重点战略方向、推动减污降碳协同增效、促进经济社会发展全面绿色转型的关键时期。碳交易机制作为利用市场机制控制和减少温室气体排放、推动绿色低碳发展的一项重大制度创新,在我国推动实现2030年前碳达峰、2060年前碳中和目标中发挥着重要作用。

碳交易机制主要包括碳排放权交易和碳汇权益交易。碳排放权交易是指企业或地区将其碳排放配额余量出售给碳排放超额的企业或地区以增加其可排放量。碳汇权益交易是生态产品富集地区出售碳汇给碳排放超额企业或地区以抵消其碳排放体量，是以市场机制实现调节服务类生态产品价值的路径。碳排放权交易和碳汇权益交易可互为补充，推动低碳经济发展，助力实现生态产品价值。

专栏4-19　内蒙古呼伦贝尔探索林草湿碳汇价值实现路径

呼伦贝尔市拥有森林、草原、湿地等多样生态系统，在巩固生态涵养功能、构筑我国北方生态安全屏障进程中具有重要的战略作用。呼伦贝尔市积极探索林草湿碳汇价值实现路径，率先在大兴安岭重点国有林区推进林业碳汇开发交易，并向全市森林、草原、湿地等领域拓展。

（一）开展全市域生态产品价值核算。将市内森林、草原和湿地共同纳入价值核算体系范畴，对全市各类生态产品实物量和价值量进行评估核算。基于国土三调地类划分数据，结合森林、湿地、草地资源的实际情况，采用分布式测算方法，选取保育土壤等9项功能对全市森林生态系统服务功能实物量和价值量进行评估核算，选取提供生物栖息地等9项功能对全市湿地生态系统的实物量和价值量进行评估核算，选取生境提供等 8 项功能对全市草地生态系统的实物量和价值量进行评估核算。经评估,全市生态产品总值为 12310.27 亿元,其中,森林、湿地、草地生态系统服务功能总价值量分别为 7217.46 亿元、3123.02 亿元、1969.79 亿元,为呼伦贝尔市探索生态产品价值实现路径提供了有力支撑。

(二)推进森林碳汇开发。以市属林业六局为范围,按照森林类型、经营方式和年度设置监测样地。2021 年,完成 339 块碳汇监测样地外业调查及数据上报,通过监测样地调查和评估测算,为全面评价森林碳汇能力提供了数据支撑。在此基础上编制形成《呼伦贝尔市林业六局森林保护经营碳汇潜力分析报告》及 CCER 碳汇造林项目、CCER 森林经营碳汇项目、VCS 造林与再造林碳汇项目、VCS 森林采伐转保护碳汇项目文件,为推进实现林业碳汇交易夯实基础。其中 CCER 碳汇造林项目,计入期为 40 年,预计可交易碳汇量 8.62 万吨二氧化碳当量;CCER 森林经营碳汇项目,计入期为 60 年,预计可交易碳汇量 2.14 亿吨二氧化碳当量;VCS 造林与再造林碳汇项目,计入期为 40 年,预计可交易碳汇量 580.6 万吨二氧化碳当量;VCS 森林采伐转保护碳汇项目,计入期为 30 年,预计可交易碳汇量 379.2 万吨二氧化碳当量。

(三)探索碳汇产业发展模式。制定出台《2022 年林草湿碳汇产业发展行动方案》,重点实施干旱半干旱土地、沙化土地和退化草地生态治理以及湿地恢复,扩大林草植被面积和提高林草湿质量,增加林草湿碳汇。积极探索建设林草湿碳汇监测、评价、开发、补偿、保障、推进等六大机制,强化固碳能力、监督机制、防治措施、碳汇计量、碳汇开发、机制建设,重点开发造林碳汇项目、森林经营碳汇项目,适度发展草地碳汇项目,探索发展城市森林碳汇项目。依托于丰厚的森林、湿地、草地优势,积极向内蒙古自治区林草局争取创建森林碳汇价值实现试点,探索推进林草湿资源生态价值实现。成立呼伦贝尔林草碳汇科技有限公司,围绕创新林草湿碳汇交易模式,研究简化项目开发程序,降低项目开发成本,推进林草湿碳汇项目开发,发展林草湿碳汇经济,提升林草碳汇效益。

2012 年 6 月,国家发展改革委发布了《温室气体自愿减排交易管理暂行办法》,确立国家自愿减排交易机制,提出核证减排量(CCER)交易可以抵消配额。2013 年 10 月,中国自愿减排交易信息平台上线后,自愿减排项目陆续在信息平台上进行公示,经主管部门评审后备案和签发,参与全国试点碳市场交易。2021 年 7 月,全国碳市场启动,碳排放权交易机制及系列配套政策规范正不断健全。但目前我国碳汇权益交易还处于起步阶段,探索开展碳汇权益交易试点、逐步完善碳汇核算方法、健全市场机制,将有力推动调节服务类生态产品价值实现。

专栏4-20 福建省三明市推进碳汇交易

2010年开始，三明市按照国际通行的"额外性"要求，探索开展林业碳汇产品交易，主要通过人工经营提高森林固碳能力，再将经过核证签发的森林碳汇量有序转化为林业碳汇产品，借助碳排放权市场或自愿市场进行交易。

一是开展国际核证碳减排（VCS）项目交易。2016年，三明市永安市完成注册VCS森林碳汇项目面积10.8万亩，实施期限20年（2010—2029年）；2021年3月，VCS项目第一监测期21万吨碳减排量和第二至四监测期的预计减排量78.5万吨被成功交易。

二是开展福建林业碳汇（FFCER）交易。利用全国碳排放权交易试点的契机，福建将林业碳汇产品作为碳排放市场的交易标的之一，试点中纳入控制碳排放范围的企业，如果其实际碳排放量超过配额，可以购买其他控排企业剩余的碳排放权配额，或者购买经过核证的森林碳汇量等自愿减排核证减排量进行抵消。2018年，将乐县金森公司和尤溪县鸿圣公司共完成31.7万吨FFCER碳减排量交易，成交金额423万元。

三是探索林业"碳票"，创新林业碳汇价值实现渠道。2021年3月，三明探索构建林业"碳票"制度，采用"森林年净固碳量"作为碳中和目标下衡量森林碳汇能力的基础，对符合条件的林业碳汇量签发林业碳票（单位为吨，以二氧化碳当量衡量），并享有交易、质押、兑现等功能，鼓励在三明举办的赛事演出等大中型活动，优先购买林业碳票以抵消其碳排放量。

四是开展林业碳汇质押贷款。开发以林业碳汇收益权质押的"碳汇贷"等绿色金融产品，以碳汇项目的预期收益作为信用基础进行贷款，促进林业碳汇产品的价值实现。2021 年 3 月，福建金森公司以 4252 公顷碳汇项目中未销售的林业碳汇收益权进行质押，贷款 100 万元并用于森林抚育、林分改造、护林防火等，盘活了企业资产。

（三）健全排污权有偿使用制度

排污权是指排污者因生产或生活排污需要，在符合法律规定的条件下，根据取得的排放指标、范围、时间、地点、方式等向环境排放污染物的权利，实质上是排污者对环境容量资源占有、使用和收益的权利。排污权交易是为了控制一定地区一定期限内的污染物排放总量，充分有效使用该地区环境容量资源，鼓励企业通过技术进步治理污染和企业间通过货币交换方式相互调剂排污量，从而提高污染治理效率、节约污染防治费用的一种经济政策和市场调剂手段。健全排污权有偿使用制度，有效培育排污权交易市场，要充分调动政府、企业、金融机构、全社会等参与排污权市场交易的积极性。就现阶段排污权交易情况看，主要包括确定交易范围、总量核定、交易监管、交易平台建设等。

排污权交易范围包括污染物种类和空间范围两方面。污染物种类方面，目前大部分地区污染物交易种类主要限定在有环境统计基础的化学需氧量、氨氮、二氧化硫、氮氧化物、总磷等5项污染物。空间范围方面，要探索建立跨省域排污权交易市场，针对重点区域，如京津冀、长三角、珠三角等地区，建立区域性排污权交易市场，扩大交易空间范围，提升活跃度，更好地发挥市场机制对生态环境保护的引导作用。

专栏4-21　浙江省嘉兴市南湖区推进排污权交易探索

南湖区围绕排污权储备交易促进环境和经济协调发展的目标，在排污权交易过程中始终遵循环境资源"有限、有价、有偿"理念，建立健全排污权初始分配、有偿使用、竞价交易、抵押贷款、腾退回购、绩效管理等反映市场需求和资源价值的排污权交易制度体系，用市场化的手段来配置大气、水等环境资源要素，引导环境资源要素向高效益、高产出、高科技企业配置，以排污权交易撬动区域绿色发展。

2008年起，南湖区规定区内企业排污必须有偿购买排污权，其初始指导价为化学需氧量排污权每吨8万元、二氧化硫排污权每吨2万元。以2008年1月1日为界，区政府对新、老排污单位实行差别管理。之前已投入生产且有资质的老排污单位，可根据排污核定量向交易中心申请购买，价格按照初始指导价的 60%执行;1 月 1 日之后的新排污单位的排污权可以以初始指导价向交易中心购买,或以市场价向可转让方购买。2008 年 10 月 19 日,南湖区举行首届排污权指标拍卖会,总标的为 6.5 吨/年化学需氧量和 1.5 吨/年二氧化硫的排污权指标,均是企业减排的成果。拍卖会上,共有 10 家企业参与竞拍,最终化学需氧量、二氧化硫竞拍成交总金额分别为 59.9 万元和 1.67 万元,其中化学需氧量最后一个 1 吨/年的标的,经过 43 轮激烈竞拍,以全场最高价 10.35 万元/吨成交,超过起拍价 2.35 万元/吨。2009 年 6 月,南湖区环保局、南湖区财政局、嘉兴市商业银行股份有限公司共同举办了主题为绿色金融的排污权抵押贷款授信签约仪式,共同签署了《银政合作协议书》,对于符合条件的企业提供授信支持。

据统计,共计有 12 家企业办理了排污权抵押,涉及贷款 23 宗,累计获得贷款 1.358 亿元。2011 年 10 月招标建设了南湖区排污权电子交易平台,由第三方专业拍卖公司组织网络电子拍卖。2012 年 3 月 18 日,南湖区举行了全国首次排污权网络电子拍卖,平均竞标次数 55 次,相比传统现场拍卖的平均竞价次数提高了 120%。截至 2018 年底,南湖区共举行了 40 场拍卖,合计拍卖 1040 笔,成交金额 8579.9 万元。2018 年 12 月起,南湖区排污权交易进入浙江省平台统一竞价。

市场化理念的排污权交易是一种基于市场的、灵活性更强的经济手段,比传统的政府管理模式能更有效地督促排污单位减少污染排放,深化环境资源有价有限的理念,促使企业从被动减排转为主动减排,区域内印染、电镀等高污染行业企业比重大幅下降,优质项目的排污需求得到有力保障,环境和经济更好地实现了协调发展。南湖区环境空气质量优良率从2013年的58.9%提升到2021年的87.4%,PM$_{2.5}$年均浓度从2013年的68微克/立方米改善为2021年的26微克/立方米;水环境质量大幅提升,市控以上断面Ⅲ类水比例从2017年的18.2%跃升至2021年的100%,创历史新高,改善幅度列全省前茅。

核定污染物排放总量是健全排污权有偿使用制度的前提和基础。要按照全国"一盘棋"思路进行统一部署,结合地区环境质量和容量,确定区域内排污单位许可排放总量的上限目标。同时,根据行业、企业具体情况规划年度减排任务。在宏观层面,制定区域统一的排污权分配方式与定价方法;在微观层面,细化纳入排污权交易的行业企业、污染排放名录,确定从企业到区域的排放总量及削减计划目标。

健全的监管体系是确保排污权顺利实现交易的重要保障。从已有工作实际看,要从国家法律、法规、政策等层面,强化排污权指标的法律属性和地位,明晰交易双方各自的权利与义务。同时,从国家层面到省级层面,对配额分配方法、交易规则等进行统一规范,为监管提供制度依据和执行标准。建立污染物排放实时监控系统,加大对交易双方污染物排放的监测和监督力度,建立完善各监管部门的协作机制,促进相关部门通力合作,既监管到位,也避免重复监管,推动市场发展的同时不过多增加企业负担。建立排污权储备机制,以应对企业破产、市场失灵等不利情形,挖掘市场供求、竞争、价格各要素之间的内在联系,利用税收、信贷等手段对排污权市场进行必要的宏观调控,确保排污权交易市场健康、规范和有序发展。

排污权交易平台是落实排污权有偿使用制度的重要载体。要建立公开、透明的信息平台,推动形成细化到企业排污总量及排污权交易数据库,对数据、交易进行集中管理与服务,使市场各主体准确、及时获取排污权即期价格和走势、排污权供给和需求量等信息,降低排污权交易成本,提高排污权二次分配效率。搭建排污权交易服务平台,形成对排污权交易监测、评价、预警的全面支持。同时,加强相关信息披露力度,有效制止滥用或非法转让排污权的行为,保障市场秩序正常运行,让社会大众进行有效监督,形成全民参与的良好机制。

(四)探索建立用能权交易机制

用能权是指在能源消耗总量和强度调控的前提下,用能单位经核发或交易取得、允许其使用或投入生产的综合能源消费量权益。用能权有偿使用是指用能单位在能源消费总量预算化管理的前提下,依法取得用能权指标,并按规定一次性缴纳用能权指标有偿使用费的行为。用能权交易是指在一定区域内用能总量控制的前提下,用能单位对依法获得的年度用能总量指标进行交易转让的行为。建立用能权交易制度,是推进生态文明体制改革和实现碳达峰、碳中和的重要举措,对推动能源清洁低碳安全高效利用具有十分重要的意义。

2015 年 9 月,《生态文明体制改革总体方案》出台,用能权交易首次在国家层面提出。2016 年 7 月,国家发展改革委在《用能权有偿使用和交易制度试点方案》中提出,在浙江、福建、四川、河南 4 省开展用能权交易试点。2020 年 11 月,党的十九届五中全会审议通过的《中共中央关于制定国民经济和社会发展第十四个五年规划和二〇三五年远景目标的建议》提出,推进环境权益市场化交易,其中包括用能权交易。2021 年 9 月,国家发展改革委印发《完善能源消费强度和总量双控制度方案》,提出推行用能指标市场化交易,进一步完善用能权有偿使用和交易制度,加快建设全国用能权交易市场,推动能源要素向优质项目、企业、产业及经济发展条件好的地区流动和集聚。

用能权交易机制以市场为基础,以用能权配额为交易内容,主要包括确定用能单位范围、核定用能单位用能指标、开展用能权交易、完善交易平台建设和加强市场监管等。从各地试点探索看,现阶段用能权交易单位主要限定在钢铁、水泥等高能耗产业,并在能源消费总量控制下,根据用能单位近几年能源消费量情况,统筹考虑能耗产出效益,合理确定用能指标。应当说,用能权交易机制实质上是一种促进社会节能的市场机制,通过指标交易引导社会资本向节能领域投资并促进绿色技术进步,从而提升资源能源使用效率。

专栏 4-22　江苏省张家港市推动"环境权益"变"真金白银"

张家港市位于长江下游南岸,自然资源丰富、生态本底良好,生态文明建设基础较好。作为工业强县,张家港市经济腾飞的同时所形成的产业结构偏"重"、能源结构偏"煤"的短板较为突出,环境资源要素受限的发展瓶颈亟待解决。为实现经济发展与生态建设平衡共进,张家港市不断寻找产业"轻装上阵"和产业结构"调轻、调高、调优"的突破口,努力实现用能权、排污权、用水指标的优化配置和价值增值,逐步打通"绿水青山"和"金山银山"双向转化通道。

一是研究制定《张家港市相关资源要素协调保障实施方案》,围绕用能权、用水指标、排污权集中池的建立、指标收储、资金保障、交易原则、后续监管等制定了相应条款和具体指导意见,实现用能、用水、排污等资源的优化配置。二是设置全市统一的用能权、用水指标、排污权"集中池",开展用能权、用水指标、排污权三类指标交易;建立用能、用水、排污总量指标储备机制,由市级层面集中统一管理;遵循公开、公平、公正和诚信原则,坚持政府引导与市场化交易相结合,实行免费分配和有偿使用相结合的方式。三是加强组织领导,成立由市领导任组长,政府办会同各相关部门组成的资源要素保障领导小组。健全工作制度,明确相关部门及区镇职责,根据具体项目需要不定期召集协调会议,切实加强对各资源要素的管理。强化资金保障,由国资公司统一负责集中池指标收储、指标出让等资金的日常管理,确保要素资源收储及分配高效合理。

通过主动探索实施用能权、用水指标、排污权三类指标的区域权益交易,将其使用价值转化为真实的市场价值,实现生态资源的经济变现,进一步服务保障优质重大项目建设,促进节能降耗、减排和水资源集约节约利用,能够有效解决环境权益类生态产品"难抵押、难交易、难变现"问题。

(五)创新完善水权交易机制

广义上,水权是与水资源有关的各种权利的总称,既包括水资源所有权,也包括水资源使用权。由于我国水资源属于国家所有,因此,在实践中水权主要是指水资源的使用权,也就是目前中央文件中表示的"用水权"。用水权改革主要有两个关键问题:一是明晰用水权,即依法确认单位或个人对水资源占有、使用和收益的权利的活动,这是开展用水权交易的前提;二是开展用水权交易,即在明晰用水权基础上,利用市场机制实现水权流转,并获取相应收益。

明晰用水权,主要表现为3种类型。一是区域水权。开展江河流域水量分配,明确各行政区本地地表水可用水量。以县为单元确定地下水管控指标,明确地下水可用水量。明确引调水工程受水区可用水量。二是取用水户的取水权。对直接从江河、湖泊或者地下取用水资源的单位和个人,依法实行取水许可管理,通过发放取水许可证明确取用水户的取水权。三是灌溉用水户水权。一些地方根据需要通过发放用水权属凭证等形式,对灌区内的灌溉用水户,以及由农村集体经济组织管理的水塘、水库受益的用水户的用水份额进行确认。

　　用水权交易,也主要包括3种类型。一是区域水权交易。是指以县级以上地方人民政府或者其授权的部门、单位为主体,以水资源管控指标范围内的结余水量为标的,在具备调水条件的区域之间开展的交易,如北京市购买山西省的引黄水指标对永定河进行生态补水。二是取水权交易。是指获得取水权的单位或者个人,通过调整产品和产业结构、改革工艺、节水等措施节约水资源的,向符合条件的单位或个人有偿转让相应取水权的交易,如内蒙古、宁夏开展的农业与工业取用水户的水权交易。三是灌溉用水户水权交易。是指已明确用水权益的灌溉用水户或用水组织之间的水权交易。如甘肃武威灌溉用水户、用水小组等通过水权交易平台开展节余水量交易。除上述类型,还有一些地方创新开展了其他形式的水权交易,如探索实行用水权有偿取得,鼓励社会资本通过参与水利工程建设运营优先获得用水权,将通过合同节水管理获得的节水量纳入用水权交易,推进再生水、海水淡化水、雨水、矿井水等非常规水资源交易等。

专栏4-23　内蒙古乌海市加强跨行业水权流转打通工农"水脉"

乌海市国土面积小,地下水及地表水总量少,可开发利用量十分有限,中水、疏干水等非常规水资源已基本配置完毕,水资源供需矛盾日益突出。为此,乌海市积极探索"以工补农、以农哺工"的模式,鼓励工业企业对农业灌溉项目进行节水技术改造,从水源工程、输水工程、田间工程等方面实施节水工程建设,提高灌区用水效率,节约的水量通过水权转让方式用于工业生产,以工业推动农业节水增效,实现工农业水资源优化配置,形成工农互促发展的良性循环。

目前,市内农业水权转让的项目有两个:一是神华乌海煤焦化50万吨甲醇水权转让项目,该项目主体为神华乌海煤焦化有限责任公司,因水指标短缺问题,其拟建50万吨甲醇项目迟迟无法开工建设。乌海市全面梳理灌区节水设施建设,指导该企业在海勃湾区和海南区部分灌区实施渠道防渗衬砌和渠系建筑物配套设施等节水工程建设,提高农业节水效率,将农业灌区节出的水指标转让于其50万吨甲醇项目。现节水工程完成投资5883.97万元,节水工程建设也已完成,预计年节水量526.83万立方米,转让于工业企业水指标421.3万立方米。二是内蒙古东源科技有限公司2×330MW自备电厂水权转让项目。该企业在乌达区实施了 1.43 万亩耕地水源工程、输水工程、田间配套节水灌溉系统建设工作,将节出的水指标转让于其自备电厂项目。现已完成投资 6856.67 万元,预计年节水量 287.8 万立方米,节水工程建设已基本完成。

有效的监督管理是科学有序推进用水权交易的重要保障。因此,要着力加强对用水权交易市场的监管,完善保障能力体系建设。首先,严格落实水资源规划和水功能区划,强化对水资源开发利用和用水权交易的用途管制。其次,研究建立适应不同类型用水权交易的监管模式和制度。再次,建立市场准入规则,加强对交易方式、交易价格、交易用途等的审批和监管,维护市场良好秩序。最后,培育市场中介服务组织,重视和鼓励公众参与,建立第三方和生态环境影响评估及补偿机制,加强社会监督,保障用水权交易的公平公正。

专栏 4-24　做好林业大文章端稳生态金饭碗

中国林业集团有限公司(简称中林集团)作为我国林业行业唯一的中央企业,坚持以习近平生态文明思想为指引,以"双碳"战略领跑者、生态产品价值实现示范者、构建现代林业产业体系领军者、木材安全"压舱石"的使命担当,科学谋划生态产业布局,全力打造绿色、低碳、智慧的"生态中林",

走出了一条以林业全产业链为抓手,拓宽"两山"转化通道,推动生态产品价值实现的新路子。

(一)厚植资源本底,拓宽生态产品价值实现空间。林业产业是典型的可聚集物质供给、调节服务、文化服务三大类生态产品的产业。中林集团坚持以科学扩绿为基础,通过大规模引入权益性资本、大规模引入稀缺性资源、大规模引进先进技术、大规模引进高端人才等手段提升森林生态系统稳定性,夯实生态产品供给基础。一是全面参与国家储备林建设和森林质量提升工程。在重庆、贵州、湖南、江西、浙江等十余省(区、市)规划建设国家储备林逾1.5亿亩,已完成意向签约超6000万亩,未来为国家经营管理4.5亿亩林、草地资源,年贡献5亿吨森林碳汇。二是积极复制和推广"千岛湖模式",实施"百湖"工程。开发水域包括山东东平湖、湖北富水湖、赤壁陆水湖、新疆赛里木湖等,面积超过1800平方公里。三是统筹国内国际两个木材市场建立全球供应链体系,国内围绕沿江、沿边、沿海战略布局,在20多个省(区、市)建有生产基地和经营网点,国外从新西兰、俄罗斯等全球20多个国家进口木材,占全国木材进口量20%以上。四是加快固碳端创新业务布局。成功引入竹缠绕、巨菌草、重型木结构、菌草种植与利用、生物质能循环经济等优势产业的先进技术,在科学扩绿、森林碳汇方法学研究、生态产品价值实现认证体系建设、松材线虫病防治等方面发挥示范引领作用,以现代林业产业体系建设助力林农增收、乡村振兴。这些资源优势为推动生态产品价值实现创造了巨大的拓展空间。

（二）多元经营开发，畅通生态产品价值实现路径。中林集团以丰富的资源本底为基础，系统经营开发物质供给、调节服务、文化服务全品类生态产品。一是物质供给类生态产品。依托地方资源特点，打造具有地方标识特征的物质类生态产品。在浙江千岛湖，以"天然的水养天然的鱼"为培育理念，坚持人放天养，通过鲢鳙鱼滤食水中浮游生物，将水中的氮、磷等营养物质转化为鱼体蛋白质，同时通过科学合理的鱼货捕捞将其带出水体，在获得鱼类生态产品价值的基础上高效保护了水体环境，再通过集"养殖、管护、捕捞、销售、加工、烹饪、旅游、科研、文创"于一体的产业链，切实提高鱼类生态产品的溢价价值。此外，在福建，选择适宜林下套种的茶叶品类，发展高附加值林茶产业；在重庆，结合马尾松改培试点套种淫羊藿等，发展高附加值林药产业；在广东，充分利用平原造林的优势种植百香果等特色水果，发展高附加值林果产业。二是调节服务类生态产品。坚持以保持生物多样性为前提，在科学进行最小程度人工干预的基础上，合理改善特定地域单元的生态系统整体功能，并采用生态经营方式让良好的调节服务类生态产品产生生态效益。在具体实践中，中林集团与中科院合作，针对乔木层、灌木层、草本和动物以及地下微生物的复合结构，科学选择最适宜本地区自然条件的乡土树种进行培育，系统打造复合生态系统，在提升气候调节、环境净化、水土保持、土壤修复、物种保护等生态功能的前提下，在充分利用林业、农业废弃物实现清洁能源的高质量转化的同时,也可为林下农业提供最为优质的生物质肥料,切实提高生态系统的调节服务类生态产品产出及其溢价价值。三是文化服务类生态产品。中林集团经营管理的广阔的林地和水面提供了最为优质的生态系统,同时也为提供优质文化服务类生态产品并探索价值实现路径打开了空间。在浙江省淳安县鳌山村,通过对乡村优势生态资源的深入挖掘,采用"政府+企业+农户"共同参与的模式,引入众筹开发模式,打造集农业体验、乡村度假、文化休闲、餐饮娱乐、拓展运动为一体的富有乡村文化情调的乡村旅游综合体。在云南西双版纳,依托独具特色的热带雨林资源,以昆罕大寨"建档立卡贫困户"(直过民族布朗族)为精准扶贫对象,采取"公司+农户+合作社"的经营形式,打造森林生态旅游项目,实现了全村精准脱贫、以业增收、持续振兴的目标。

(三)规范认证体系,促进生态产品保值增值。中林集团结合国家森林生态标志产品品牌体系建设工程,在生态产品认证和质量追溯体系方面开展了有益的探索实践,取得了积极成效。一是制定规范。提出了无重金属污染、无农药残留、无抗生素、无激素的"四无"标准,检测指标涉及 1063 项,是目前国际上同类标准中的最高标准;制定产品认证管理办法、认证机构管理办法、检测机构管理办法等 5 个规范性文件;制定认证审核受理程序、现场审核程序等 28 个内控文件。二是科学认证。利用区块链、云服务、4G/5G 无线数据传输等技术,通过部署物联网环境监测和视频采集设备等,为产品质量追溯实时提供生态环境、生产作业、位置坐标和视频监控等数据。打造产品管理和营销服务信息平台,实现了从产品生产、申报、认证、渠道销售到消费者购买全生命周期的动态管理,确保了产品的高质量和可信度。三是供需对接。搭建产品专属销售渠道,包括线上 B2B 交易平台、优选小程序会员商城、招商食品和银联云闪付等线上销售专区,并与 50 多家大中型企业对接提供直采服务。

(四)打造品牌集群,提高生态产品溢价价值。中林集团充分发挥中央企业品牌优势,通过打造生态产品区域公共品牌,切实提高生态产品溢价价值。一是打造产品集群。围绕"一棵树""一瓶水""一叶茶"深挖地方特色生态资源,打造具有地方标识、品类多样的生态产品集群。在东三省、内蒙古等天然林资源丰富地区,大力发展林下经济,将"小木耳"讲出"大故事";在福建、广西等特色林产品资源丰富地区,大力开发具有地方特色的高附加值生态产品,让林农更有参与感和获得感;在浙江、云南等旅游资源丰富地区,大力发展生态康养,在保护生态环境的同时,带动地方产业发展。二是打造品牌体系。围绕"中林好山水""中林好食材""中林优种",渐次形成了"冰泉龙湾""中匠""中林红"等产品品牌,"淳"牌"披云徽宴""千岛湖鱼味馆"等餐饮品牌,"商量岗""中林·生态城""中林热带雨林野生动物园"等文旅品牌,积极引领激发生态产品溢价价值。

（五）推动权益交易，丰富生态产品价值实现模式。中林集团积极推进林业生态资源权益交易，打造林业现代化的样本标杆。一是在福建三明的探索。推动建设全国林业改革综合试点国家储备林项目，总规模120万亩，总投资62.5亿元，创新实现了国内首例"国储林＋林票"收储模式，为解决林票发行难、定价难、流转难问题提供了积极的解决方案；将林业碳汇收益纳入运营框架，在120万亩林地中选择97万亩开展林业碳汇运营，按照每亩每年产生0.3吨碳汇量计算，项目全周期碳汇交易量可达739万吨；不仅可享受国家政策性银行针对林业的长周期低息贷款，还可以享受优惠贷款利率。二是在重庆市的探索。共建重庆国家储备林项目，依托农村"三变"改革，建立完善利益联结机制，依靠政府搭台、企业实施、村社动员、农民参与"四方联动"，探索出"林地流转、劳务用工、采伐分成、产业带动"的新路径，致富林农群众，助力乡村振兴。截至2022年6月，依靠林地流转和就近就地务工支付费用约8.7亿元，带动近13.78万农户增收。预计500万亩储备林基地建设完成后，每年可为项目区林农增加直接收入约8亿元，涉及林农约25万户。

第五章 健全生态产品保护
补偿机制

生态产品保护补偿作为政府主导的生态产品价值实现重要路径,以生态产品数量、质量和价值为基础,坚持正向激励和负向惩罚双向发力,积极引导社会各方参与,通过纵向转移支付、横向生态保护补偿、生态环境损害赔偿等多元化方式,实现优质生态产品可持续和多样化供给,确保生态环境保护修复获得合理回报,生态环境破坏付出相应代价。

一、完善纵向生态保护补偿制度

纵向生态保护补偿制度是对提供生态产品的重要生态功能地区的转移支付,也可以视为对重要生态功能地区因承担生态环境保护修复任务而丧失的发展权的合理补偿。完善纵向生态保护补偿制度,要建立与生态产品价值核算结果、生态保护红线面积等因素相挂钩的转移支付资金分配补偿机制,统筹生态领域转移支付资金,探索优化生态保护补偿资金的分配和使用模式,拓宽纵向生态保护补偿资金渠道,让生态产品供给地区通过参与生态保护得到合理补偿。

(一)完善重点生态功能区转移支付资金分配机制

重点生态功能区承担着水源涵养、水土保持、防风固沙和生物多样性维护等重要生态功能,关系全国或较大范围区域的生态安全,是区域乃至全国的重要生态屏障,需要在国土空间开发中限制进行大规模高强度工业化城镇化开发,保持并提高生态产品供给能力。按照主体功能区战略和制度要求,建立针对重点生态功能区的生态保护补偿转移支付机制,是中央财政为支持地方政府加强生态环境保护、推进生态文明建设、提高重要生态功能地区基本公共服务保障能力而设立的一项补偿政策,能够在保障国家生态安全的同时,改善当地生产生活条件,推动经济社会可持续发展。

国家重点生态功能区转移支付政策已经实施 10 余年。2008 年,中央财政在均衡性转移支付项下设立国家重点生态功能区转移支付,对属于国家重点生态功能区的区(县)给予均衡性转移支付。2009 年,财政部印发《国家重点生态功能区转移支付(试点)办法》,明确了国家重点生态功能区转移支付的范围、资金分配办法、监督考评、激励约束措施等,正式建立国家重点生态功能区转移支付机制。之后该项政策补助范围不断扩大,补助资金不断增加。2016 年 9 月,国务院印发《关于同意新增部分县(市、区、旗)纳入国家重点生态功能区的批复》,国家重点生态功能区的县市区数量由原来的 436个增加至 676 个。截至 2021 年,重点生态功能区转移支付已经覆盖全国 800 多个县域,累计投入超过 7600 亿元,是迄今为止国家对重点生态功能区唯一的具有直接性、持续性和集中性的生态保护补偿政策,对维护国家生态安全、平衡生态保护地区和生态受益地区之间的利益关系起到了重要作用。

国家重点生态功能区转移支付作为我国纵向生态保护补偿的主要方式,从实际实施情况来看,由于不同重点生态功能区生态类型、地理位置、地域特征不同,导致了现有补偿标准不能充分反映区域内生态产品数量、质量和供给能力,没有全面体现生态环境保护的区域差异,需要尽快构建与生态产品价值核算结果、生态保护红线面积等因素相挂钩的资金分配机制,进一步完善转移支付标准、分配好补偿资金,提升生态功能重要地区生态环境保护积极性和基本公共服务保障能力。

要加快推进全国范围各县(市、区、旗)行政区域范围内的 GEP 核算进程,并在反复校验核对的基础上,完善 GEP核算办法并尽快加以确认,以保障运用 GEP 核算结果完善重点生态功能区转移支付机制。根据各地实践探索的经验,在具体操作上可以有两种做法:一是将生态产品价值总量作为依据,也就是将县级行政单元的 GEP 占省级行政单元

GEP 的比重作为省级财政分配转移支付资金的重要参数;二是将生态产品价值增量作为依据,也就是按照县级行政单元的 GEP 增量的排序作为省级财政分配转移支付资金的重要参考。在具体分配上,也可以有两种做法:一种是将所有的财政转移支付资金按照上述两种做法择一进行分配;另外一种是将所有的财政转移支付资金分成两部分进行分配,一部分是提供生态产品的地区达标就参与分配的"达标资金池",另一部分是提供生态产品的地区以"锦标赛"形式参与分配的"激励资金池",然后按照上述两种做法择一进行分配。从目前的实践看,具体分配上第二种"达标+激励"的方式更有效,能有效激励提供生态产品的地区比学赶超,更好地保护生态环境。下一步,要在各地实践探索基础上,尽快形成具体操作办法和制度规范,确保与生态产品价值核算结果相挂钩的转移支付机制落到实处。

专栏 5-1　北京市延庆区探索 GEP 核算与结果应用

延庆区作为首都生态涵养区,为将良好的生态优势转化为经济效益,着力发挥政府在制度设计、经济补偿和绩效考核等方面的主导作用,以 GEP 核算与应用为抓手稳步推进生态产品价值实现。目前,已初步建立起 GEP 与生态保护补偿联动挂钩机制,通过以人均调节服务类 GEP、人均 GEP 增量排名分档的生态补偿资金分配方式,实现各乡镇生态保护责任越重补偿越多、贡献越大补偿越多,切实让生态产品供给者不吃亏、能受益。

（一）开展 GEP 核算。从 2015 年开始,每年对全区和各乡镇 GEP 进行核算。根据核算结果,2014 至 2021 年,延庆区 GEP 从 363 亿元增长至 424 亿元,年均增速 2.24%,同时期 GDP 年均增速为 6.3% 左右,实现了生态保护与经济发展同向共进。2022 年,《生态产品总值核算规范（试行）》出台后,延庆以此为依据,对 2019—2021 年全区和各乡镇 GEP 进行了重新核算。此外,延庆区还通过制定本地核算规范、搭建自动化核算与管理平台、创新开发核算方法模型等方式,让核算方法更科学有效,核算结果更符合观感。

（二）开展核算方法校验。一是从指标设置角度进行校验。考虑到区内生态环境质量水平已经较高,调节服务类生态产品供给能力提升空间较小,应更多关注巩固调节服务功能、促进农业品质提升、发展休闲旅游服务业等,因此,保留国家规范中物质供给、调节服务和文化服务 3 项一级指标;将物质供给核算指标进一步明确为绿色有机农产品,最终设置了 14 项二级指标。二是从参数本地化角度进行校验。充分考虑数据的可获取性,优先采用统计数据、部门数据、遥感数据等相对权威的数据,最大化使用本地参数,核算结果与当地实际情况相符,为验证本地数据对核算结果客观真实性影响提供了参考。三是从方法可操作角度进行校验。对于国家规范中未明确详细核算方法的,选择专业机构研究开发的方法或模型作为对国家规范的细化补充,如"路侧噪声削减模型""酒店景观溢价模型"等。对于国家规范中明确了详细核算方法但乡镇尺度指标数据获取难度大或缺失的,对相关指标数据进行科学合理分摊,如在核算乡镇旅游人次时,根据各乡镇乡村旅游人次在全区占比,将全区旅游人次分摊至各乡镇。

(三)实化结果应用。一是推动 GEP 进补偿,切实让"保护者受益"。制定《延庆区生态产品总值(GEP)核算考核奖励办法(试行)》,设立总规模为 5000 万元/年的奖励资金,对全区各乡镇保护生态本底、提升生态效益、促进"两山"转化的行为进行补偿奖励。按照 45%:45%:10% 的比例,将资金分为基础奖励资金、提升奖励资金和创新奖励资金。其中,基础奖励资金以调节服务 GEP 不降低为前提,按人均调节服务 GEP 排名分三档。提升奖励资金以 GEP 总量增长为前提,按人均 GEP 增量排名分三档。创新奖励资金对生态价值实现创新典型案例进行奖励,并与区内融资担保机制联动挂钩,以有效增强农村集体经济组织的造血能力。二是推动 GEP 进考核,引导树牢绿色发展理念。将 GEP 纳入政府绩效考核体系,按照不低于 5% 设定 GEP 绩效考核分值,根据各乡镇人均 GEP 增量进行排名并打分,并将考核结果在一定范围内公开。三是推动 GEP 进规划,实现"两山"实践创新。将 GEP 写入《延庆区生态文明建设规划(2021—2025 年)》,对常态化 GEP 核算、多元化结果应用、建立专家咨询机制和依托现有机构成立生态产品价值实现研究智库等进行部署。

（二）鼓励地方政府统筹利用各类生态领域转移支付资金

鼓励政府在依法依规统筹生态领域转移支付资金的基础上，通过设立市场化产业发展基金等方式，由政府与社会资本共同出资，按照利益共享、风险共担的原则，政府给予适当政策支持，吸引和撬动社会资本投入生态环境保护的重点领域和薄弱环节，支持基于生态环境系统性保护修复的生态产品价值实现工程建设，同时获取一定经济效益和社会效益，有利于发挥市场对资源配置的决定性作用，强化对解决关键生态环境问题的引导，进一步提高各类生态领域转移支付资金使用效率，以更低的政府投入实现生态环境保护与经济发展的双重目标，构建政府和社会共同参与的生态产品价值实现资金投入体系。

目前，中央和地方财政在各领域安排了多种生态环境保护补偿资金，在推进生态环境修复和保护中发挥了重要作用。针对森林、草原、湿地、荒漠、海洋、水流、耕地等重点领域，实施了一系列生态保护补偿政策，建立了森林生态效益补偿、草原生态保护补助奖励、湿地生态效益补偿补助等专项转移支付政策，为天然林保护、退耕还林、森林生态效益维持、沙化土地封禁保护、退牧还草、流域综合治理、水土保持等提供了较为稳定的资金支持。与此同时，这些资金的分配和使用在国家层面属于不同领域和部门管理，很多都明确要专款专用于特定方向,而生态环境作为一个有机统一的整体很难进行精准的领域切割,因此这些资金到了地方往往都面临需要集中统一使用的诉求,以提高资金整体的使用效率和效益。因此,《意见》提出,鼓励地方政府在依法依规前提下统筹生态领域转移支付资金,通过设立市场化产业发展基金等方式,支持基于生态环境系统性保护修复的生态产品价值实现工程建设。这将在确保完成生态环境系统整治任务的基础上,通过实施生态产品价值实现项目带来可持续收入,同步实现生态效益、经济效益、社会效益。

实际上,统筹生态领域转移支付资金已具有顶层设计支持和地方实践探索基础。2016 年,国务院办公厅印发《关于健全生态保护补偿机制的意见》,在完善重点生态区域补偿机制方面,明确要求统筹各类补偿资金,探索综合性补偿办法。2019 年,国家发展改革委印发《生态综合补偿试点方案》,提出要创新生态保护补偿资金使用方式,优化生态保护补偿资金的使用。2021 年,中共中央办公厅、国务院办公厅印发《关于深化生态保护补偿制度改革的意见》提出,围绕国家生态安全重点,健全综合补偿制度,明确了基于重要生态区域综合补偿的补偿标准制定依据,即财政能力和基本公共服务均等化。近年来,各地也在积极探索整合各类补偿资金、开展生态综合补偿,江苏、福建、江西、广东、浙江、山东、海南等七个省份出台了与生态综合补偿相关的政策文件;江苏、福建整合了相关专项资金;江西在整合国家重点生态功能区转移支付资金和省级专项资金基础上，充分募集社会、市场等资金。国家层面的文件要求和地方层面的实践探索，为推动生态领域转移支付资金的统筹整合和综合使用奠定了更加坚实的基础。

专栏5-2　福建省创新推进综合性生态保护补偿试点

福建省把建立健全生态保护补偿机制作为生态文明建设的重要内容，通过出台《综合性生态保护补偿试行方案》，选取重点生态功能区相关的 23 个县（市）为试点，统筹整合不同类型、不同领域的生态保护补偿资金，创新推进重点生态保护区综合性生态保护补偿，让绿水青山的保护者有更多的获得感。

一是围绕"怎么筹"，建立稳定增长的资金筹集机制。省财政每年新增安排 6000 万元补偿资金，并以 2017 年为基数，按照 5%、8%、10%的递增比例统筹发改、生态环境等 8 个部门的 20 个生态保护类专项资金。2019—2021 年，分别筹措 3.3 亿元、4.9 亿元、6 亿元，补偿资金池三年累计筹集 14.2 亿元。二是围绕"怎么分"，建立奖优罚劣的资金分配方法。将补偿资金分为保持性补偿和提升性补偿两大类。完成生态保护考核指标，可全额获得保持性补偿资金，并根据提升分值，分档给予 1000—3000 万元的提升性补偿奖励资金；未完成的，则按一定比例相应扣减保持性补偿资金，若发生重特大突发环境事件的则加重扣减。三是围绕"怎么用",建立县级统筹的资金使用方式。赋予试点县统筹安排项目和资金的自主权,支持试点县与本级资金捆绑使用,因地制宜制定实施方案和年度计划,集中投入,综合治理。四是围绕"怎么核",建立综合系统的考核指标体系。按照相关规划要求,选取生态环境等 8 个部门负责考核的资源环境约束性指标及其他绿色发展重要监测评价指标 11 项,建立科学系统的考核体系。考核结果与补偿资金挂钩,累计下达提升性补偿奖励资金 11.65 亿元,充分发挥绩效考核"指挥棒"作用。五是围绕"怎么管",建立规范安全的资金监管模式。明确综合性生态保护补偿工作的责任主体为试点县,要求其建立健全相关工作机制,明确部门职责分工,制定资金统筹整合使用和监管的具体办法,将相关资金全部作为监管重点,确保财政资金安全规范使用。

通过五方面综合施策,有效激发了试点县主动创新的积极性,23 个试点县 11 项生态环境考核指标均明显高于全省平均水平。永春县在全省首创"生态优先、统筹资源、多元治水、综合治理"模式,连城县将闽江流域山水林田湖草生态保护修复试点与综合性生态补偿有机结合。试点县空气质量优良天数比例高达 99.8%,森林覆盖率平均值高达 76.9%,主要流域水质优良比例达 100%。同时,为深化综合性生态保护补偿政策,2022 年,福建省印发实施《福建省综合性生态保护补偿实施方案》,进一步完善了生态环境保护专项资金整合利用机制,有效促进了重点生态功能区、生态文明建设示范区生态环境质量持续改善和提升。

(三)拓宽生态保护补偿资金渠道

近年来,中央通过加大对重点生态功能区转移支付力度、扩大生态保护补偿财政转移支付范围,逐步建立起生态保护补偿财政转移支付制度,对重点生态功能区生态环境保护和生产生活条件改善发挥了十分重要的作用。但也面临补偿资金来源单一、规模不够等突出问题,有必要进一步创新工作举措,拓宽生态保护补偿资金渠道,主要有以下两种方式。

一是发行企业生态债券。生态环境保护修复是一项长期工程,需要源源不断进行大量投入,对从事这项工作的相关市场主体而言资金平衡的压力巨大,这就要鼓励通过发行企业生态债券的形式,拓宽资金来源、平衡资金周期,更好助力其在生态环境系统性保护修复的基础上推动生态产品价值实现。参照企业债券发行相关要求,发行生态债券的企业需具有一定的资产规模,信用良好,累计债券余额不超过企业债券监管红线,可分配利润足以支付企业生态债券利息,筹集资金的投向符合国家产业政策和行业发展方向,投入领域应属于生态环境系统性保护修复和生态产品价值实现。二是社会捐助。鼓励法人、社会团体等自愿无偿地向生态产品提供者和提供地进行财产捐助,支持以生态公益类基金的方式可持续推动社会捐助参与生态保护补偿。

专栏5-3 浙江省杭州市青山村依托"善水基金"构建生态保护补偿机制

青山村位于浙江省杭州市余杭区黄湖镇,具有丰富且保存良好的自然资源,森林覆盖率近80%,主要产业为毛竹、水稻和苗木种植,总人口近3000人。20世纪80年代起,村民大量使用化肥和除草剂以增加毛竹和竹笋的产量,造成青山村和赐璧村的龙坞水库氮磷污染超标。近年来,青山村在积极探索打造"绿色浙江实践地"和"未来乡村试验区"过程中,通过建立"善水基金"信托,构建市场化、多元化、可持续的生态保护补偿机制,实现生态环境显著改善、生态产业初具规模、社会影响逐步扩大,成为绿色浙江和美丽杭州的未来乡村样板。

(一)高效实施生态环境系统保护修复,引导形成广泛的绿色生产生活方式。2015年,当地政府和青山村积极对接大自然保护协会、万向信托等公益基金,通过"善水基金"信托获得33万元资金捐赠,用于支持青山村水源地保护、绿色产业发展等。按规定流转水源地汇水区内化肥农药施用最为集中、对水质影响最大的500亩毛竹林地(涉及43户村民),基本实现对水库周边全部施肥林地的集中管理,有效控制了农药、化肥使用和农业面源污染。每年平均支付给村民的补偿金约为 172 元/亩,相比村民自营时提高了 20%,充分保障了村民的财产权利和生态补偿机制的可持续性。同时,每年定期组织志愿者和聘用村民对毛竹林进行人工除草和林下植被恢复,在杜绝使用除草剂的同时,发挥竹林的水源涵养功能。联合杭州等地企业开展环境宣传教育,引入外部合作机构开展垃圾分类、厨余堆肥等活动,提高村民尊重自然、保护自然的意识,促进村民基于自然理念转变生产生活方式。通过水源地保护和系统治理,青山村及龙坞水库的水质逐步提升,总磷与溶解氧指标由 2014 年的 Ⅲ 类或 Ⅳ 类提升并稳定在 Ⅰ 类水质标准,龙坞水库约 2600 亩的汇水区被杭州市余杭区划定为饮用水水源保护区,周边山林已记录到包括白鹇、猪獾、小麂在内的 9 种哺乳动物和 13 种鸟类。

（二）因地制宜发展绿色产业,构建水源地保护与乡村绿色发展的长效机制。在开展水源地保护的同时,青山村积极探索比毛竹林粗放经营获益更高、又对环境友好的绿色产业发展模式,培育市场主体,引入各方资源开展多元化项目开发。一是促进产品销售方面,积极拓展青山村春笋等产品销售渠道,青山村的竹笋不再喷洒农药后,产量较以往下降了 20%—30%,但市场价格大幅提高,产品销往沪杭等城市的企业食堂、餐厅,并建立了长期合作关系。二是开发文创和传统手工艺品,引进传统手工艺保护组织"融设计图书馆",聘请专业设计师将当地传统的手工竹编技艺提升为金属编织技艺并免费教授给村民,村民编制的"水源保护"等主题的手工艺品在"中国文化展""米兰设计周"等国内外展览展出,并进行市场销售,获得了2倍于同类工艺品的利润。三是发展生态旅游方面,将水源地保护、当地传统文化、低碳生活理念与城市居民对自然的向往链接起来,开发了砍枯竹、监测水质、植物染色等各类生态体验项目,将青山村民培训成为讲解员、生态活动组织者、民宿服务者等,增加村民就业机会,带动村民增收。当地村民生态环境保护意识不断提高,成为了生态环境改善的坚定支持者、忠实践行者和最终受益者,并主动向社会公众宣传倡导水源地保护理念,青山村也成为远近闻名的"未来乡村"和"自然生态打卡地"。

（三）创新共建共治共享方式,扩大生态"朋友圈"和影响力。推广"自然好邻居"计划,鼓励村民采用"近自然"的生产生活和经营方式,为来访者提供绿色农家饭和民宿服务等,降低对自然的扰动;对加入"自然好邻居"的农户,在旅游客源导流、物质奖励、优先开展业务合作等方面进行倾斜;吸引"融设计图书馆"将主要展馆和手工艺创意工坊永久搬迁到青山村,将村内已经废弃的小学改造为公众自然教育基地,并开发了数十种特色志愿者服务和自然体验产品,与周边50余所学校和100家企业进行合作,吸引了大量企业员工、杭州市民、国内外学生等社会公众参与生态体验与自然教育。青山村作为自然生态保护基地的社会吸引力不断提升,每年组织200余次自然体验和志愿者活动,超过2000名志愿者参与青山村公益活动和志愿服务,带动年均访客增加1万人以上,吸引了 40 多名来自全国各地的设计师、环保教育工作者等来到青山村工作和生活,超过 70 户农户加入了"自然好邻居"计划,每年每户增收 1 万元以上,带动 200 余人直接就业,为青山村乡村振兴注入了新的活力。

(四) 对主要提供生态产品地区的居民实施生态补偿

生态产品价值实现的根本目的是要让提供生态产品地区的人民群众,与提供农产品、工业产品、服务产品地区的人民群众享受基本相当的生活水平,促进实现共同富裕。动员生态产品供给地区居民参与生态保护,并获得合理补偿收益,有利于提升民生福祉,巩固拓展脱贫攻坚成果同乡村振兴有效衔接,推进脱贫地区发展和群众生活改善,有利于调动群众参与补偿政策制定与实施的积极性,为政策健全完善提出切实有效的建议,有利于提升群众保护生态环境的思想自觉和行动自觉,实现由"要我保护"到"我要保护"的根本性转变。总的来看,生态产品供给地区居民参与生态保护并获得补偿,主要有以下两种途径。

一是向生态产品供给地区居民直接补偿。政府对生态产品供给地区的居民实行直接生态保护补偿,补偿资金流向从政府到居民,补偿主体是政府,受偿主体是居民,从根本上保证了生态产品供给地区居民在纵向生态保护补偿中的利益。如,2019 年,江苏省江阴市印发《关于调整完善生态保护补偿政策的意见》,将永久基本农田纳入生态保护补偿范围,并对水稻田、公益林地、重要湿地、集中式饮用水水源保护区等提高补偿标准,分类分档补助村(社区)。村(社区)统筹使用各类生态保护补偿资金,重点用于生态环境保护修复、环境基础设施建设等社会公益事业,促进优质生态产品的供给和价值实现。

二是提供生态公益岗位。生态公益岗位是专门从事生态环境保护修复工作的岗位,特别是重点生态功能区,生态环境保护修复的责任重大、任务更重。目前,国内已有的生态公益岗位包括生态护林员、草原管护员、环保志愿者、生态保护补偿脱贫岗位等。生态护林员是从建档立卡贫困人口中选聘的,是生态扶贫的一项重要政策。从 2016—2020 年,中央财政累计安排生态护林员资金 200 多亿元。其工作职责除了护林看草,还是乡村治理的信息员、扶贫政策的宣传员、基层工作的监督员、农林科技的推广员、公共卫生的防疫员,在保护绿水青山的同时,享有政府的生态保护补偿资金。环境志愿者是指自愿无偿参与生态环境保护的群体,通过宣扬绿色文化、消减环境污染,为环境治理作出贡献。生态保护补偿脱贫岗位可以设立在林业生态保护、草原生态保护、水生态保护、农村公路养护、旅游厕所保洁、村级环境监督、地质灾害群防群测等方面,引导有劳动能力的建档立卡贫困人口、农村低保人口、低收入农村人口就地转成生态保护人员,通过自身劳动获得增收,实现绿色脱贫。将生态公益岗位作为居民参与生态保护并获得合理补偿的重要方式,不仅能够促进低收入人口就地就近增收,也能显著提升居民的幸福感。

专栏 5-4　青海省三江源国家公园采取多种形式
对居民实施生态补偿

　　青海省按照国家关于开展三江源国家公园体制试点的要求,重点围绕设立生态管护公益岗位和生态体验特许经营权等多种形式,对提供生态产品的农牧民实施有效生态补偿。

　　2012 年开始,青海就在全国率先设立草原生态管护员公益性岗位。2016 年,国家全面启动三江源国家公园体制试点工作后,青海省按照要求建立了生态管护公益岗位机制。主要做法是,首先,按照山水林草湖沙冰一体化管护要求,将原有草原、湿地、林地等管护岗位统一归并为生态管护公益岗位,统一核定管护面积、核发工资报酬,统一提出工作要求和绩效考核标准;其次,在园区 4 县各选择 1 个村,开展建档立卡贫困户生态管护公益岗位"一户一岗"试点示范,并逐步覆盖全部建档立卡贫困户;最后,在园区 4 县各选择 1 个村,开展园区生态管护公益岗位"一户一岗"试点示范,并逐步覆盖全部牧户。2018 年,全面实现园区牧户生态管护公益岗位"一户一岗",共聘用 17211 名生态管护员持证上岗,年补助资金达 3.72 亿元,户均年收入增加 21600 元。试点期间所需补助资金由省财政统筹安排,并与中国太平洋保险公司(集团)股份有限公司合作,为所有生态管护员捐款投保团体人身意外伤害保险。制定印发了《三江源国家公园生态管护员公益岗位管理办法》《三江源国家公园生态管护员绩效考核实施细则》,建立生态管护员信息管理系统,实行"实名制"管理和跟踪服务,精准识别生态管护员并录入信息管理系统,目前基本实现了生态管护员工资信息、缴纳保险信息和录入系统信息相一致。三江源国家公园生态管护公益岗位制度极大改善了牧民群众生产生活条件,提高了保护生态的积极性,园区生态管护成效显现。

玉树州杂多县昂赛乡地处三江源旅游线主要节点,是三江源国家公园澜沧江园区的核心区域,野生动物种群丰富,自然风光秀丽无比,是"雪山精灵"雪豹的乐园,有"中国雪豹之乡"的美誉。昂赛乡依托三江源国家公园澜沧江源园区生态体验特许经营权,积极引导牧民担任向导、学习摄影,为游客和外界提供更多雪豹的精彩瞬间,从而获得收益。自然生态体验是由牧民担任自然体验向导、司机和接待家庭,带领自然体验者在昂赛乡观赏自然景观、游览文化景观、体验牧区生活的相关活动,在国家公园内推动特许经营项目,可以尊重本地居民优先的原则,让他们深度融入并参与国家公园建设,从保护中受益。昂赛乡选拔交际能力出众、居住位置有优势的牧民家庭成为"生态体验接待家庭",深山里的牧民摇身一变成为了"生态体验向导",担任向导上山观赏野生动物。同时,由于野生动物出没不定,野生动物专业摄影师教导当地牧民拍摄技巧,利用牧民的在地优势捕捉更多野生动物出没的画面。牧民们拍摄的雪豹照片,获得了摄影爱好者和摄影展的一致好评,一张精彩照片可以获得数千元收益,有力地提升了当地牧民收入,实现了生活改善和生态保护两不误。

二、建立横向生态保护补偿机制

横向生态保护补偿机制是生态产品受益地向供给地实施的政府间发展惠益补偿制度,是优化区际利益分配的重要手段,也是我国生态保护补偿机制需要进一步深化探索的难点问题。按照建立健全生态产品价值实现机制的要求完善横向生态保护补偿机制,重点要做好参照生态产品价值核算结果、生态环境质量提升等因素完善横向生态保护补偿标准,以及采取有效措施促进生态产品供给地和受益地之间的发展惠益共享。

（一）完善基于生态产品价值的横向生态保护补偿机制

生态产品具有显著的外溢性,其受益范围往往是跨行政区的,生态产品供给地为了保障生态产品供给能力和水平,提高了生态环境保护投入并损失了大量发展机会,而生态产品受益地免费享受到了生态产品外溢的功能和效用。横向生态保护补偿本质上是生态产品受益地对供给地因为提供生态产品损失的发展惠益,而给予的合理补偿。因此,生态产品供给地提供生态产品的能力及其价值,应当成为衡量生态保护补偿标准的重要参考依据。

要参照生态产品价值核算结果、生态产品实物量及质量等因素,加快完善横向补偿标准,科学合理明确"补多少"的问题,科学平衡生态产品供给地和受益地间的区际利益,形成基于生态产品价值的横向生态保护补偿长效机制。在实际推进过程中,要结合全国范围内开展的 GEP 核算进程,不断提升核算结果的规范性和科学性,并推进生态产品供给地与受益地共同开展 GEP 核算结果的协同校验,对 GEP 核算结果达成共识。同时,以自愿协商为原则,结合地方财政支付能力,可在核算结果的基础上增加适当的调节系数,尽可能让双方政府部门在协商一致基础上形成合理的参照生态产品价值的补偿标准,并结合生态产品价值的保值增值稳步提高补偿标准,保障补偿政策的有效实施。

专栏 5-5　湖北省鄂州市参照生态产品价值核算结果探索横向生态保护补偿

鄂州市按照生态产品价值实现的内在逻辑,把生态产品价值核算结果应用到实际的生态保护补偿标准制定中,通过对流动性的生态服务指标进行价值计量,建立了各区责权相一致的横向生态保护补偿机制。

首先,通过开展自然资源调查与确权登记,对市辖三个区各类自然资源进行确权登记,建立自然资源存量及变化统计台账。其次,采用当量因子法核算涵盖水域湿地、阔叶林地、灌草丛、园地、水田、旱地、未利用地、城镇交通等8类自然生态系统的生态产品价值,将各类资源的生态服务贡献统一度量为无差别、可交换的货币单位。然后,建立横向生态保护补偿机制,明确市财政、鄂城区和华容区对梁子湖区生态产品供给的补偿责任。补偿标准的确定,依据气体调节、气候调节、净化环境和水文调节等4种具有流动性的生态产品价值核算结果,分别核算各区应支付的生态保护补偿金额。先期按照生态产品价值总额的20%权重进行三区之间的横向生态保护补偿,逐年增大权重比例,直至体现全部生态产品价值。在2017—2020年试行阶段,对需要补偿的生态产品价值总额20%权重部分,先由鄂州市财政给予70%的补贴,剩余30%由接受生态服务的区向供给区支付,后逐年降低市级财政补贴比例直至完全退出。最后,建立保障长效机制,出台《生态文明建设目标评价考核办法》《绿色发展指标体系》等制度,将生态产品价值指标纳入各区年度考核,构建"绿水青山"到"金山银山"的长效机制。2017—2020年,梁子湖区分别获得生态保护补偿5031万元、8286万元、9215万元和10361万元。补偿资金主要用于农村污水处理、环湖水源涵养林带建设、水生植被修复、沿湖岸线整治等生态保护修复,建成沿山

环湖旅游示范带 2 条、生态农业基地 169 个,推进梁子湖区绿
水青山的生态服务功能不断提升。

(二)推进重点流域开展横向生态保护补偿

流域生态保护补偿是政府间横向生态保护补偿典型案
例,是以地理位置毗邻但无行政隶属关系的上下游地区政府
为缔约主体,以平等协商和意愿一致为基础,以补偿资金的对
价支付为核心和支点,形成了激励与约束相结合的合作方式。
目前,在新安江流域开展试点探索的基础上,赤水河流域云贵
川 3 省、黄河流域豫鲁段、浙江瓯江干流 7 县市、四川沱江流
域 10 地市等很多流域也进行了深化探索,取得了积极成效。
应当看到,我国流域生态保护补偿机制建设在带来良好经济
效益、生态效益和社会效益的同时,仍然存在一些亟待解决的
问题,如上下游地方政府之间认识还存在一定程度分歧妨碍
机制运行,流域生态保护补偿长效机制不足,补偿资金使用范
围和方式受限等。高效推进重点流域开展横向生态保护补
偿,需要采取完善制度体系和加强立法等手段,科学合理规范
补偿标准和程序,拓展补偿方式,规范资金使用程序,完善资
金管理制度,切实维护各方权益。

财政部积极支持推动建立流域横向生态保护补偿机制,
印发《支持引导黄河全流域建立横向生态保护补偿机制试点
实施方案》《支持长江全流域建立横向生态保护补偿机制的

实施方案》,要求流域沿线各省(市、区)按照"保护责任共担、流域环境共治、生态效益共享"的原则,积极与邻近省份沟通协调,并就各方权责、考核目标、补偿措施、保障机制等达成一致意见,自愿协商签订补偿协议,逐步探索建立健全多元化的横向生态补偿机制,不断强化对良好生态产品提供者的利益补偿,实现流域生态环境质量和稳定性不断提升。中央财政每年从水污染防治资金中安排一部分资金作为引导和奖励资金,支持流域相关省份进一步健全完善横向生态保护补偿机制,加大生态系统环境保护和治理修复力度。资金对环境质量改善突出、生态系统功能提升明显、资金使用绩效好,以及机制建设进展快、成效好、积极探索创新的省份给予倾斜。引导资金采用因素法分配,先预拨后根据机制建设成效进行清算,根据方案实施情况,可适时对因素和权重进行优化,以更好引导机制建设;奖励资金采取定额奖补的方式,奖励在干流和重要支流建立起跨省流域横向生态保护补偿机制的省份。与此同时,还提出了明确部门职责分工、落实地方主体责任、强化绩效考核管理、扎实推动协同治理等方面的工作要求。

专栏 5-6　云贵川三省建立赤水河流域横向
生态保护补偿机制

　　赤水河是长江上游右岸重要的一级支流,流经云南、贵州和四川 3 省 16 个县(市、区),全长 445 公里,在四川省合江县

与习水河汇合后进入长江,是长江上游唯一没有筑坝的一级支流,也是长江上游区域重要的生态安全屏障

按照"保护者受益、利用者补偿、污染者受罚"的原则,2014年,省政府批复实施了《贵州赤水河流域水污染生态补偿暂行办法》,规定在毕节市和遵义市开展赤水河流域水污染生态补偿,毕节市跨界水质监测断面达到或优于地表水Ⅱ类水质的标准,遵义市向毕节市缴纳生态补偿资金,反之毕节市向遵义市缴纳生态补偿资金,年度结算后,专款用于赤水河流域水污染防治、生态建设和能力建设。通过实施生态补偿,调动了上游区域强化生态环境保护的积极性和主动性。截至2021年,遵义市向毕节市累计缴纳赤水河流域水污染生态补偿金0.97亿元,对上游水质持续保持优良提供了有力支撑。

2016年贵州省在总结省内流域生态补偿经验基础上,按照财政部、环境保护部、发展改革委、水利部《关于加快建立流域上下游横向生态保护补偿机制的指导意见》的要求,研究起草了《云贵川赤水河流域横向生态补偿方案》,提出三省共治赤水河的倡议。2018年2月云贵川三省人民政府签署了《云南省贵州省四川省人民政府关于赤水河流域横向生态补偿协议》,议定云贵川三省按照1:5:4比例共同出资2亿元设立赤水河流域横向生态补偿资金,根据赤水河干流及主要支流水质情况界定三省责任,按3:4:3的比例清算资金。2018年12月,三省生态环境、财政部门共同印发实施《赤水河流域横向生态补偿实施方案》,至此,跨多省流域的横向生

态补偿机制在赤水河流域开展试点。

赤水河作为三省界河，流域管辖范围纵横交错，长期以来存在上下游、左右岸产业布局、环境准入、污染物排放监管、环境执法尺度、环保资金投入力度的不一致，对赤水河生态环境保护和地区经济社会发展造成不利影响。云贵川三省通过签署赤水河生态补偿协议，实现省与省之间的相互约束和管控，为解决赤水河长期存在的环境监管难题探索了新的路径。形成合作共治、责任共担、效益共享的流域保护和治理长效机制。目前，赤水河环境质量稳中向好，跨省国控监测断面水质达到Ⅱ类水质标准，各支流水质达到或优于Ⅲ类，水质优良率实现100%。

（三）探索异地开发补偿模式

异地开发补偿是一种飞地经济模式，其实质是生态产品供给地和受益地之间根据自身资源禀赋条件和各自比较优势，相互建立合作园区，健全利益分配和风险分担机制，从而实现互利共赢发展。生态产品供给地由于多年来严格守护绿水青山，加之基础设施不便利、资金人才技术匮乏等先天不足的原因，在一定程度上损失了发展权益，虽然拥有良好生态环境的优势，但是由于缺乏绿水青山向金山银山转化的有效途径，相关产业发展的基础也非常薄弱，从而端着"金饭碗"到处"讨饭吃"。而具有良好区位优势和工业发展基础的与生态产品相关的受益地,多年来借助快速工业化和城镇化进程积累了大量的财富,有些地方也通过横向生态保护补偿向生态产品供给地提供了一定数量的"输血式"资金扶持,但在有效激发生态产品供给地依托自身优势实现"造血式"良性发展机制方面还需要有一些创新性的模式和路径。为此,《意见》提出在生态产品供给地和受益地之间相互建立"双飞地"的合作发展模式,通过规划建设、资金技术、人才管理、成本分担和利益分配等合作和协调机制,使生态产品供给地可以借助受益地的资金人才技术业态带动当地经济发展,也可以将优质生态产品在受益地进行精深加工和宣传推广以提高溢价价值,推动生态产品供给地和受益地互利共赢发展。

从已有实践探索看,异地开发补偿模式要关注"双飞地"园区税收分成比例,以确保"双飞地"园区模式的可持续发展。主要是两个方面:一是园区财税收入在两地的分配比例,生态产品受益地要遵循先让利后盈利的原则,以高效推动生态产品供给地快速发展为目标,在利益分配上适当予以倾斜;二是结合园区发展阶段设计差异化的利益分配机制,园区建设初期在税收分配上可以适当缩减,以满足园区持续快速发展的需要,待园区建设步入正轨并实现大规模盈利的时候,可以经过双方友好协商,调整收益分配的规则,以满足双方互利共赢发展的需要。

专栏 5-7　浙江省金华市设立金磐开发区建立生态产品价值实现共享机制

1995 年,金华在市区专门划出一块区域设立金磐开发区,发展工业经济反哺磐安,这种异地开发方式被称为"飞地"模式。20 多年来,集"精准扶贫、异地开发、生态补偿"功能于一体的金磐飞地,通过实施经济、税收、管理"三独立",政策、规划、建设"三接轨"的闭环管理机制,形成领导更加集中统一、政策更加精准灵活、协调更加高效有力的独特优势,更好地优化资源配置。

一是创造生态补偿新模式。磐安是山区县,金磐飞地始终立足生态,建立起"异地发展工业增加税收,提供资金保护县内环境"的生态补偿机制,承担 10 万余吨工业能耗,每年为全县 3.7 万户农户发放生态公益林补偿资金,为磐安绿色高质量发展提供有力支撑。当前,磐安全县出境水水质全部达 Ⅱ 类水以上,空气优良率达 100%,居金华市第一、全省前列,为下游 400 多万人饮用水安全提供强有力保障,实现了"保浙江中部一方净土,送下游人民一江清水"的夙愿。

二是打造共同富裕新样板。不断深化"区域协调",放大地理区位优势,发挥磐安招商引资、对外开放协作的主窗口、主渠道作用。如今,"飞地"每年投入近 2 亿元资金支持磐安县域内基础设施建设、文化教育事业、美丽乡村建设等社会事业。近年来,金磐开发区还深化"二次开发",实施"园区规划与金华市区无缝衔接、税收政策与金华市区保持一致、社会管理由属地政府组织实施"的开发机制,探索实践"坚持向空间要土地,向亩产要效益、向共建要共赢"的二次转型发展战略。金磐开发区累计上缴各类收入 50 多亿元,贡献近 300 亿元工业产值,并以县域 1/500 的用地规模贡献全县 1/3 规上工业产值和税收,助力磐安"十三五"期间招商引资金额 500 多亿元,吸纳磐安就业人员 2 万多人、占户籍人口 10%以上,接收下山移民 1000 余人、约占移民安置人数 10%,推动磐安城乡居民人均可支配收入增幅连续四年居金华第一,城乡居民人均收入比从 2010 年的 2.9∶1 缩小至 2021 年的 2.06∶1。

三是成为山海协作的新标杆。园区现有市场主体 2400 多家,吸纳近 5 万人置产就业,投资基础设施建设资金超 100 亿元。区内有效用地亩均税收达 43.6 万元,连续 5 年居金华市各类开发区第一,先后荣获金华市改革开放 30 年成就 10 个创新范例之一、"中国最具创新力开发区"、全省山海协作升级版"最佳实践案例"等荣誉,并作为全省"十三五"经济社会新亮点登上人民日报头版。

经过多年探索实践,这块占地 3.8 平方公里的金磐飞地开创异地扶贫全国先河,为磐安从头号贫困县到摘掉"欠发达"帽子,到冲刺全面小康,再到全力奔向共同富裕发挥重要作用。磐安县"'飞地经济'打造共建共富样板"成功入选全省城乡区域协调发展最佳实践名单。

三、健全生态环境损害赔偿制度

生态环境损害赔偿是让破坏生态环境付出相应代价的负向约束机制，与生态保护补偿的正向激励共同实现了生态环境正、负外部性的内部化。健全生态环境损害赔偿制度，要通过强化执行监督、完善收费机制、规范评估方法等手段，与生态保护补偿形成政策合力，推动生态产品价值有效实现。

（一）完善生态环境损害赔偿制度建设

系统完备的制度建设是推进生态环境损害赔偿的重要保障。近些年来，我国环境侵权与维权纠纷案件快速增长，突发环境事件引发的群体性事件时有发生。群众对于环境污染造成的损害不能得到及时全面的赔偿，迫切需要建立有效的生态环境损害赔偿制度，维护自身合法权益，促使受损的环境得到有效恢复。美国、日本等国家都建立了比较完善的环境损害责任与赔偿制度，涵盖或部分涵盖了人身、财产和资源环境等方面，在解决环境纠纷、推动环境修复方面发挥了重要作用。要完善生态环境损害赔偿制度建设，推进生态环境损害成本内部化，由造成生态环境损害的责任者承担赔偿责任，修复受损生态环境，破解"企业污染、群众受害、政府买单"的困局，形成"环境有价、损害担责"的鲜明导向。

党的十八届三中全会明确提出,要对造成生态环境损害的责任者严格实行赔偿制度,依法追究刑事责任。2015年,中共中央、国务院印发《关于加快推进生态文明建设的意见》,明确将生态环境损害赔偿作为生态文明建设的重大制度安排。同年,中共中央办公厅、国务院办公厅印发《生态环境损害赔偿制度改革试点方案》,部署在吉林等7个省市开展改革试点工作。2017年,中共中央办公厅、国务院办公厅印发《生态环境损害赔偿制度改革方案》,部署自2018年1月1日起,在全国试行生态环境损害赔偿制度。截至2021年底,全国共办理生态环境损害赔偿案件1.13万余件,涉及赔偿金额超过117亿元,在全国范围内初步构建了"责任明确、途径畅通、技术规范、保障有力、赔偿到位、修复有效"的生态环境损害赔偿制度。

完善生态环境损害赔偿制度建设,要特别注重加强生态环境修复与损害赔偿的执行和监督。生态环境损害赔偿的根本目的是使受损的生态环境得到有效恢复,为满足人民日益增长的优美生态环境需要提供坚实制度保障。因此,加强生态环境修复与损害赔偿的执行和监督,是保障生态环境损害恢复有效与赔偿到位的关键。2020年8月,生态环境部等11个部门单位联合印发《关于推进生态环境损害赔偿制度改革若干具体问题的意见》,针对生态环境损害案件中生态环境修复执行、修复效果评估等问题提出了指导意见。2022年4月,生态环境部等14个部门单位联合印发《生态环境损害赔偿管理规定》,明确生态环境损害可以修复的,应当修复至生态环境受损前的基线水平或者生态环境风险可接受的水平。此外,《中央生态环境保护督察工作规定》也明确提出,对于督察发现需要开展生态环境损害赔偿的案件线索,省级政府应依照相关规定,组织追究义务人的生态环境损害赔偿责任,并监督执行到位。《吉林省生态环境保护督察办法》《山东省生态环境保护督察工作实施办法》《安徽省生态环境保护督察工作实施办法》等省级文件中,也都专门就生态环境损害赔偿执行监督作出规定。

完善生态环境损害赔偿制度建设,也要注重完善行政执法与司法衔接机制。生态环境损害赔偿与环境行政执法、环境公益诉讼等多种机制的协同,是全面推进生态环境损害赔偿的有效途径。相较于"发现线索—调查评估—提起公益诉讼—判决—上诉—判决—委托行政机关—组织修复"等8个环节的环境公益诉讼路线,"发现线索—调查评估—磋商—修复"等4个环节的生态环境损害赔偿和恢复路线,极大提高了案件办理效率,降低了行政和司法成本。2019年6月,最高人民法院发布《关于审理生态环境损害赔偿案件的若干规定(试行)》,对生态环境损害赔偿诉讼中的受案范围、立案、管辖、证据形式与举证责任、生态环境损害修复责任承担方式、磋商协议司法确认等问题作了专门规定。最高人民检察院指导有关生态环境损害赔偿的检察工作,发布实施《人民检察院公益诉讼办案规则》,与生态环境部等9个部门单位联合印发《关于在检察公益诉讼中加强协作配合依法打好污染防治攻坚战的意见》,指导各级地方检察机关加强与行政机关在生态环境损害赔偿和公益诉讼检察工作中的配合衔接,支持政府部门开展生态环境损害赔偿磋商。

专栏 5-8　重庆市推进行政执法与刑事司法相衔接

2019 年 3 月,重庆市生态环境局两江新区分局(以下简称"两江分局")现场检查时发现,某企业先后于 2007 年、2008 年擅自在重庆市两江新区翠云街道云竹路厂区外修建 2 个沉淀池,未采取防渗措施,泥浆水长期渗漏造成厂区外北侧山坡下 12000 平方米农田受到污染。2018 年以来,该企业违法倾倒罐车清洗水和泥浆导致厂区外北侧山坡 400 平方米土壤硬化板结。2019 年 4 月 4 日,该企业擅自将山坡下泥浆水形成的水塘掘开,泥浆水外泄导致坡下 2000 平方米农田受到污染。经鉴定评估,14400 平方米农田表土流失和板结,土地裸土化,生态系统结构和功能发生变化。经评估,生态环境损害数额为 948.2 万元。2019 年 7 月,赔偿权利人指定的部门两江分局与赔偿义务人涉案企业召开磋商会议。会上双方就对受损土地进行修复、赔偿生态环境修复期间服务功能的损失及鉴定评估等相关费用,达成一致意见并签署赔偿协议。2019 年 10 月,赔偿义务人积极履行生态环境修复责任,清理污染物 4.05 万立方米,复绿土地 1.32 万平方米;向财政专户

缴纳生态环境损害期间损失 13.1 万元,鉴定评估费用 19.5
万元,修复效果评估费用 10 万元。经第三方机构评估,修复
效果达到预期目标。

　　两江分局依据《重庆市生态环境损害赔偿资金管理办
法》,将生态环境损害调查、鉴定评估、修复效果评估等费用
预先纳入同级财政预算安排,鉴定评估费用得到保证。该案
中赔偿义务人曾以已受到行政处罚又面临刑事追责、担心作
为上市企业影响企业形象等各种理由拒绝履行赔偿义务。磋
商前,两江分局多次与企业沟通,宣传有关政策法规,依据
《重庆市生态环境损害赔偿磋商办法》,告知企业其积极参与
生态环境损害赔偿磋商、及时履行赔偿协议的情况将提交人
民法院、有关行政主管部门参考。检察机关依据《重庆市人
民检察院重庆市环境保护局关于在公益诉讼中加强协作的意
见》发送检察建议书,有力推动生态环境损害赔偿工作。生
态环境损害修复过程中,组织人民监督员和专家到修复现场
查看,主动接受公众监督,让人民群众亲身体验生态环境修复
取得的实效,增强人民群众对优美生态环境的获得感。

　　该案完善了生态环境损害赔偿与环境公益诉讼案件线索
的衔接。重庆市人民检察院发现企业违法行为造成生态环境
损害后,向两江新区管理委员会发送了检察建议书。检察机
关通过发送检察建议的方式,将赔偿案件的线索告知生态环
境部门,实现了生态环境损害赔偿与环境公益诉讼案件线索
的有效衔接。本案充分体现了部门联动的作用,实现行政、刑

事、民事责任同步追究,构建严密责任追究法网。两江分局与自然资源、城管、公安、检察等部门召开联席会议,依据各自职责依法对企业进行了全面检查,对发现的违法行为均进行了立案查处,及时督促整改;公安机关对涉嫌环境污染犯罪行为,依法立案调查追究刑事责任;生态环境部门提起生态环境损害赔偿,督促开展生态环境损害修复。这是全市首例违法倾倒混凝土造成生态损害的案件,对规范整个混凝土生产行业环境管理工作具有重要意义。该案的成功办理为探索生态环境损害赔偿体制机制提供了较好的实践经验,具有较好的借鉴意义,被生态环境部评为第一批生态环境损害赔偿磋商十大典型案例。

完善生态环境损害赔偿制度建设,也要着力提升违法成本,压实生态环境保护责任,让"损害生态环境"成为不可逾越的底线和不可触碰的高压线。通过提升违法成本,形成对环境损害行为的有力震慑,不仅有利于刹住以牺牲生态环境换取一时一地经济增长的做法,减少新的环境问题,增强企业环境责任意识,还能倒逼企业调整产业结构,推广绿色生产生活方式,实现可持续发展。

专栏5-9　江西省九江市中级人民法院审理特大跨省非法倾倒有毒污泥案

2017年至2018年间,江西正鹏环保科技有限公司(以下简称"正鹏公司"）与杭州塘栖热电有限公司等签署合同,运输、处置多家公司生产过程中产生的污泥,收取相应的污泥处理费用。正鹏公司实际负责人李德将从多处收购来的污泥直接倾倒、与丰城市志合新材料有限公司合作倾倒或者交由不具有处置资质的张永良、舒正峰等人倾倒至九江市区多处地块,杭州连新建材有限公司明知张永良从事非法转运污泥,仍放任其持有加盖公司公章的空白合同处置污泥。

　　经鉴定,上述被倾倒的污泥共计 1.48 万吨,造成土壤、水及空气污染,所需修复费用 1446.29 万元。案发后,九江市浔阳区人民检察院依法对被告人舒正峰等 6 人提起刑事诉讼,九江市中级人民法院二审判处被告人舒正峰等 6 人犯污染环境罪,有期徒刑三年二个月至有期徒刑十个月不等,并处罚金 10 万元至 5 万元不等。九江市人民政府依据相关规定开展磋商,并与杭州塘栖热电有限公司达成赔偿协议。因未与正鹏公司、连新公司、李德等 7 人达成赔偿协议,九江市人民政府提起诉讼,要求各被告履行修复生态环境义务,支付生态环境修复费用,公开赔礼道歉并承担律师费和诉讼费用。

　　2019 年 11 月 4 日,九江市中级人民法院依法对九江市人民政府作为原告提起的"特大跨省非法倾倒有毒污泥案"进行一审宣判,江西正鹏环保科技有限公司、杭州连新建材有限公司、李德、张永良等 9 被告被判令对其在九江非法倾倒有毒污泥所造成 3 处地块的生态环境损害共同承担生态修复义务,如未履行修复义务,则共同承担930余万元生态修复费用的连带赔偿责任,并在省级以上媒体向社会公开赔礼道歉。

(二)完善污水、垃圾处理收费机制

污水、垃圾处理收费与民生息息相关,是推进生态环境损害赔偿的重要手段。建立科学合理、能够反映资源稀缺性和处理成本的收费标准,是推进生态环境损害赔偿、推动生态产品价值实现、维护公民环境权益的重要保障。在综合考虑地方财力、社会承受能力的基础上,要合理制定污水和垃圾处理收费标准,建立健全处理费动态调整机制。鼓励探索分类分档制定差别化收费标准,促进污染物减排。提高企业、群众的环保意识,强化其排污付费观念,以价格机制倒逼生产生活方式的绿色集约转型。

完善污水处理收费机制,要注重完善污水处理定价机制。欧美等西方发达国家在污水处理定价方面已有较为成熟的经验,主要是采用条件估值法和影子价格法等进行估价,并进行成本收益分析研究。如英国通过最高限价的方式确定污水处理的价格;美国通过投资回报率确定污水处理的价格,以投资成本为基础,辅以恰当的利润率进行定价。我国污水处理市场化历程较短,污水处理收费价格政策经历逐步征收并逐渐提高和完善的过程。1993年国家物价局、财政部印发《关于征收城镇污水排水设施使用费的通知》,各地相继开始征收排水设施有偿使用费,但收费标准较低。1996年,《水污染防治法》修订后,由于有了明确的法律依据,污水处理费征收制度开始实施。2014年,《污水处理费征收使用管理办法》出台,明确规定了污水处理费的征收标准,即按照覆盖污水处理设施正常运营和污泥处理处置成本并合理盈利的原则制定,正式将污泥处理费纳入污水处理费。2015年,国家发展改革委、财政部、住房城乡建设部印发《关于制定和调整污水处理收费标准等有关问题的通知》指出,设市城镇污水处理收费标准原则上每吨应调整至居民不低于0.95元,非居民不低于1.4元,已达到最低收费标准但尚未补偿成本并合理盈利的,应当进一步提高污水处理收费标准。2018年,国家发展改革委出台《关于创新和完善促进绿色发展价格机制的意见》,进一步强调完善城镇污水处理收费政策,实现城镇污水处理费基本覆盖服务费用,并建立定期评估和动态调整机制。

当前,我国已经初步建立了污水处理收费机制,但资源稀缺价值、污水收集和处理成本没有充分体现在污水处理收费政策中,多排污、多付费的累进价格机制尚未全面建立,污水处理费标准与处理运行成本相比偏低。特别是随着污水排放标准要求的提高,污水处理成本将明显增加,偏低的污水处理费征收标准将难以满足城镇污水处理厂的正常运行需要。因此,要着力推动建立全成本覆盖的污水处理费政策,按照补偿污水处理和污泥处置设施运营成本并合理盈利的原则,完善污水处理收费标准。

　　同时,完善垃圾处理收费机制,要健全城镇生活垃圾管理制度,主要是以下几个方面。一是根据多污染多付费的原则,建立垃圾排放量与缴费金额之间的线性关系,探索建立计量收费和阶梯式垃圾收费机制。从国际经验来看,计量收费是大势所趋。二是合理制定调整收费标准,根据不同地方特点对收费进行相应的调整,体现分类化的特征,按照补偿成本并合理盈利的原则,根据居民的收入情况和垃圾处理成本等,因地制宜合理选取收费模式。三是要引导垃圾减量化,促进垃圾回收利用,加快建立有利于促进垃圾分类和减量化、资源化、无害化处理的激励约束机制。四是建立生活垃圾收费配套机制,如,奖惩机制和信用监管机制。此外,探索建立科学合理的农村垃圾处理收费标准,充分体现按量计费原则,并通过收费实现对居民参与垃圾分类的奖惩,提高公众的参与意识和监督意识。

（三）健全生态环境损害鉴定评估方法体系

　　科学、准确、公正的生态环境损害鉴定评估方法是生态环境损害赔偿、生态产品价值实现的技术基础。随着生态环境损害赔偿制度与环境公益诉讼制度的相继建立,我国生态环境损害鉴定评估工作得到较快发展。与此同时,由于评估机构使用的生态环境损害鉴定评估方法不一,鉴定技术水平参差不齐,导致鉴定结果较难获得各方认可,难以为生态环境损害赔偿磋商和司法审判工作提供有效支撑和可靠依据。要加快健全生态环境损害鉴定评估方法体系,为推动生态环境损害赔偿磋商与环境公益诉讼和环境资源犯罪审判司法实践提供有力支撑。

　　健全生态环境损害鉴定评估方法体系,首先要建立整体性评估技术思路。生态环境损害事件根据事件行为和受损对象的不同,可能对环境要素、生物要素以及生态服务功能单独或共同造成损害。环境要素一般包括空气、地表水、土壤、地下水、海水和沉积物等;生物要素包括动物、植物和微生物等。生态服务功能指生态系统的各种生境、生物学或系统的属性或过程,包括物质循环、能量流动和信息传递等功能。一般来说,生态环境遭到破坏,不仅会使其生态产品供给能力降低,还会对其他生物的生存造成影响。因此,健全生态环境损害鉴定评估技术体系,要将生态系统作为整体考虑,建立"等量修复、自然修复"为主,"等值赔偿、价值量化"为辅的整体性评估技术思路,以生态系统的具体受损环境或生物指标作为恢复目标,制定恢复方案。当恢复方案不可行时,选取主要受损环境介质进行恢复,或采用生态产品价值核算方法进行评估,并实施等值赔偿。同时,要对受损的生态环境及其服务功能的可恢复性进行评估,从恢复措施的经济、技术和可操作性方面,对备选的恢复方案进行系统评价,筛选合理的恢复方案。

　　健全生态环境损害鉴定评估方法体系,还要加快编制生态环境损害鉴定评估技术指南。我国在环境损害评估方面起步较晚,且早期技术指南由相关部门单位根据各自管理需求制定发布,并未形成统一体系。从 2000 年起,我国农业、渔业、海洋等行政主管部门开始围绕评估环境污染造成的损害发布相关技术文件。如《渔业污染事故调查鉴定资格管理办法》和《渔业污染事故经济损失计算方法》(GB/T21678—2008)对水域污染造成渔业养殖和天然鱼类损害的评估技术作出了规定;《农业环境污染事故司法鉴定经济损失估算实施规范》(SF/ZJD0601001—2014)规定了农业环境污染事故引起的农产品、农业环境及其他财产损失的估算范围、现场调查和估算方法。综合来看,各部门单位编制印发的技术文件或标准各有侧重,关于损害范围的界定与评估方法有所差别,还未形成统一规范的评估技术标准,给具体执行部门带来困惑,也难以获得各方认可和大范围推广。因此,要根据生态环境损害鉴定评估工作需要,加快编制生态环境损害鉴定评估技术指南,对环境要素、生态要素损害鉴定评估技术以及损害鉴定评估基础方法、污染物性质鉴定等方面作出明确规定,为各地推进生态环境损害赔偿提供有力技术支撑。

健全生态环境损害鉴定评估方法体系,也要注重深入开展生态环境损害鉴定评估方法研究。司法部、原环境保护部印发《关于规范环境损害司法鉴定管理工作的通知》,规定了环境损害司法鉴定的主要领域,包括污染物性质鉴定、地表水与沉积物环境损害鉴定、空气污染环境损害鉴定、土壤与地下水环境损害鉴定、近海海洋与海岸带环境损害鉴定、生态系统环境损害鉴定、其他环境损害鉴定等几个方面,对环境损害司法鉴定机构设置发展规划、环境损害鉴定事项范围、审核登记程序、监督管理工作等建立了基本框架。司法部、生态环境部印发的《环境损害司法鉴定执业分类规定》将环境损害司法鉴定 7 大类鉴定事项细化为 47 个执业类别,要求司法鉴定机构具备开展生态环境损害基线水平确认、生态环境损害类型以及数量范围和程度确定、因果关系判定、生态环境损害恢复方案制定、生态环境损害数额计算以及恢复效果评估等工作的能力。应当说,我国生态环境损害司法鉴定已经具备坚实的制度基础。与此同时,生态环境损害评估属于多学科交叉领域,技术要求高,我国在该领域研究基础和数据积累一直比较薄弱。要深入开展生态环境损害鉴定评估方法研究,提升支撑能力,以满足生态环境损害赔偿制度从试点探索向全面铺开的实际需要。

健全生态环境损害鉴定评估方法体系,更要注重规范生态环境损害鉴定评估业务实践。生态环境损害鉴定评估业务是生态环境损害赔偿磋商、环境公益诉讼等工作的核心技术支撑,其公正性和规范性直接关系着生态环境损害赔偿的实施效果。2016 年以来,司法部、生态环境部联合印发《环境损害司法鉴定机构登记评审办法》《环境损害司法鉴定机构登记评审专家库管理办法》《环境损害司法鉴定机构登记评审细则》《环境损害司法鉴定执业分类规定》等,明确执业范围,将专家评审作为环境损害司法鉴定机构准入的必备环节,建立全国环境损害司法鉴定机构登记评审专家库(国家库),要求各地严格按照规定组织开展环境损害鉴定机构登记评审工作。各级司法行政机关认真落实专家评审制度。生态环境部建立了环境损害鉴定评估专家委员会,派员为各地一线行政执法人员、检察官、法官和司法行政人员授课。在已有工作基础上,要进一步规范生态环境损害鉴定评估业务,提升科学性、公正性、可操作性,推动建立环境损害司法鉴定机构和鉴定人信用评价体系,让损害鉴定评估结果受到各方广泛认可、经受得住时间的检验。

第六章　健全生态产品价值
实现保障机制

推动生态产品价值实现,既需要从政府和市场两个层面双向发力,丰富生态产品价值实现路径,也需要完善相关配套政策制度,为价值实现提供必要的支撑和保障。健全生态产品价值实现保障机制,就是要通过生态产品价值考核、生态环境保护利益导向、绿色金融服务等手段,建立政府、企业、社会组织、个人等多元主体参与生态产品价值实现的激励约束机制,形成协同推进的整体合力。

一、建立生态产品价值考核机制

建立生态产品价值考核机制,充分发挥考核"指挥棒"作用,能有效巩固生态环境稳定向好的趋势,要着力从评价指标、考核方法、奖惩形式等方面发力,并强化考核结果的应用,激励政府主动提升生态产品供给能力和水平。

(一)纳入各省(区、市)高质量发展综合绩效评价

实施科学合理的绩效评价,对地方政府在推动发展、干部任用、政策落实、制度执行等方面都具有显著导向作用。一段时间以来,以 GDP 指标为主的绩效评价体系,对于推动地方经济快速发展发挥了积极作用。随着我国经济进入高质量发展的新阶段,社会主要矛盾已经转化为人民日益增长的美好生活需要和不平衡不充分的发展之间的矛盾,要注意避免"唯 GDP 论"的倾向,在政绩考核中更多关注提供优质生态产品方面的内容,以满足广大人民群众对优美生态环境的需要。生态产品总值作为反映某一行政区域生态产品供给能力和生态文明建设成效的重要指标,将其纳入高质量发展综合绩效评价,有利于引导各级领导干部树牢"发展经济是政绩,保护生态环境也是政绩"的理念,也有利于引导各级领导干部践行以人民为中心的发展思想,不断提升人民群众对美好生态环境的获得感、幸福感、安全感。

一段时期以来,江苏南京、广东深圳、浙江丽水、江西抚州、云南普洱等地从完善 GEP 考核规则、考核办法、考核程序等方面开展了有益和丰富的探索,取得了积极的成效。下一步,要继续深化已有探索实践,结合生态产品总值核算工作和考核实际需要,对物质供给类、调节服务类、文化服务类等三

类生态产品设定合理的权重,科学评估各地区生态产品供给能力和生态环境保护成效。

专栏 6-1　浙江省丽水市探索建立 GEP 综合考评体系

2019 年 2 月,丽水市提出建立 GEP 和 GDP 双核算、双评估、双考核机制。同年,将 GEP、绿色发展指数等 8 项生态发展指标纳入各县(市、区)年度综合考核内容,首次对 GEP 有关指标进行考核。2021 年底,丽水市出台《GEP 综合考评办法》,明确将 GEP 综合考评列为市委市政府综合考核的重要指标,并将考核结果应用于领导干部自然资源资产离任审计和领导干部综合考察,逐步建立起覆盖全市域的 GEP 综合考核体系。

(一)充分考虑指标设置覆盖维度。指标设置是否合理,直接决定了考评体系能否客观真实评价区域资源的保有量和可利用度。丽水市在已有探索基础上,从物质供给、调节服务、文化服务、双增长双转化、生态产品价值实现机制建设等5 个维度,进一步细化完善考核指标,形成了包含 91 个三级指标的综合考评体系。

(二)采取合理指标分值计算方式。指标计算方式选择是否合理,直接影响着核算结果的最终呈现。一方面,根据不同指标属性合理采用功效系数法、完成比例法、否决扣减法、增幅—存量联合赋分法、排名赋分法等不同计算方式,使每一项指标都具备横向可比性;另一方面,对指标中变量较大、综合因素占比较重的指标实施一定的分值倾斜,确保最终赋分的合理性。同时,对市直部门和各县(市、区)采用等分不同法的计分方式,即考评基础分均为 1000 分,但针对市直部门不同职责不同要求的特点,根据任务完成情况采用完成比例法进行计分考评。另外,对经济技术开发区这一特殊主体以既有指标考评赋分。

(三)规范指标数值获取来源。指标来源的规范性、精准性,直接决定了 GEP 综合考评体系的有效性。推进 GEP 综合考评体系与数字化改革的深度衔接,充分利用一体化智能化公共数据平台的整合优势,实现相关应用系统均基于一体化智能化公共数据平台构建,制定指标数据采集标准,集成现有数据资源,推动自动计算结果;实施量化指标偏离度异动预警,所有量化指标反向偏离度超过 10% 即会触发自动预警系统,为科学研判、处置提供决策参考;实施动态赋分,对被国家、省级表彰或推广的 GEP 相关典型做法和创新案例的牵头单位予以加分,对生态环境问题被中央、省级督察通报批评、挂牌督办,主流媒体曝光生态环境问题造成恶劣影响,生态环境破坏的重大案件,较大及以上森林火灾等事项的相关单位,实行一票否优并予以扣分。

(四)推进 GEP 核算成果的全面应用。在全国率先制定《关于促进 GEP 核算成果应用的实施意见》,形成 GEP 核算结果"进规划、进决策、进项目、进交易、进监测、进考核"的应用体系。其中 GEP 综合考评作为 GEP"进考核"的重要举措,全面反映区域"绿水青山就是金山银山"转化的潜力、现状,体现服务绿色发展的履职水平和履职量,提高社会整体对 GEP 等生态发展指标的重视,为全面构建 GEP 应用体系提供了先行经验,推动 GEP 从"客观事实"向"主动作为""精密智控"的转变。

（五）推动完善领导干部自然资源资产离任审计制度。丽水市 GEP 综合考评体系借助数字化改革契机,通过 5G、卫星遥感、数据共享等技术采集大量数据,不断迭代整合优化,有助于构建一套科学高效的多维评价体系,实现领导干部自然资源资产离任审计工作从定性向定量、滞后向实时、模糊向精准的转变,能够有效解决当前审计面临的各类自然资源资产的质量、实物量、价值量等信息数据不全等问题。

（二）根据主体功能定位进行差异化考核

推进主体功能区建设,是党中央、国务院作出的重大战略部署,是我国经济发展和生态环境保护的大战略。各类主体功能区,按开发方式可分为优化开发区域、重点开发区域、限制开发区域和禁止开发区域,按开发内容可分为城市化地区、农产品主产区和重点生态功能区,按层级可分为国家和省级两个层面。各类主体功能区,在全国经济社会发展中具有同等重要的地位,只是主体功能不同,开发方式不同,保护内容不同,发展首要任务不同。城市化地区主要是集聚人口和经济;农产品主产区主要是增强农业综合生产能力,确保粮食安全;重点生态功能区主要是保护和修复生态环境,确保生态安全。鉴于主体功能区不同的发展定位,要针对各类主体功能区设置差异化的考核方式。对于以提供生态产品为主的重点生态功能区,要构建生态产品供给能力、环境质量提升、生态保护成效等为主要考核指标的考核评价体系,逐步取消经济发展类考核指标,让重点生态功能区能够专注于保护修复生态环境、提供生态产品。同时,考虑到优质生态产品是人类生产生活所必需,要适时对其他主体功能区实行经济发展和生态产品价值"双考核",确保生态产品保值增值、生态空间山清水秀。

(三) 落实领导干部责任

加强生态环境保护修复,必须增强各级领导干部抓生态环境保护的思想行动自觉。因此,要推动将生态产品价值核算结果作为领导干部自然资源资产离任审计的重要参考,完善落实领导干部责任追究制度,进一步压实各级领导干部生态环境保护责任。

一方面,纳入领导干部自然资源资产离任审计。领导干部自然资源资产离任审计是我国生态文明建设领域全面深化改革的一项重要制度安排,是客观公正评价领导干部履行自然资源资产管理和生态环境保护责任情况的必然要求,对于推动领导干部牢固树立和践行新发展理念、促进自然资源资产节约集约利用和生态安全具有重要意义。将生态产品总值指标作为地方各级党政领导干部自然资源资产离任审计的重要参考,不仅有利于完善现有自然资源资产离任审计体系,提升审计的系统性、科学性,还能推动领导干部严守自然生态安全边界,促进自然资源和生态产品保值增值。

另一方面,完善领导干部责任追究制度。对任期内造成生态产品总值严重下降的,依规依纪依法追究党政领导干部责任。生态产品总值指标集中反映了某一行政区域生态产品供给能力和生态环境保护修复总体情况。在价值核算办法一定情况下,生态产品总值出现严重下降,一般表明该区域范围内生态环境出现较为严重的破坏,涉及党政领导干部失职失责的应依规依纪依法追究其责任。以生态产品总值严重下降为指标,评价一定行政区域内领导干部的生态环境保护过失,提升了过失责任评估的科学性,有利于促进地方各级党政领导干部转变发展观念,避免走"先污染后治理""先破坏后修复"的老路。

二、建立生态环境保护利益导向机制

我国幅员辽阔、人口众多,生态环境保护修复任务复杂艰巨,要鼓励群众更多参与生态保护和环境治理,使生态环境保护成为一项全社会的共同事业。建立生态环境保护利益导向机制,是引导社会主体参与生态环境保护修复的重要举措,要将生态产品价值实现落实到现实利益中,将生态价值"兑现"为货币价值,让社会主体直观体验到生态产品价值的真正"变现",从而有效凝聚各方推动生态产品价值实现机制的共识。

(一)建立生态积分体系

生态积分制度是着力从生态环境保护领域完善信用体系的重要制度安排,通过借鉴商业及银行信用模式,根据各类社会主体生态环境保护行为赋予不同的积分,并根据积分提供相应的优惠服务和金融服务。要在已有探索的基础上,加快构建覆盖社会组织、企业和个人的生态积分体系,制定符合地方实际的生态行为正负面清单及设置具体权重,根据生态保护、生态经营、绿色生活、生态文化等方面生态行为信息,并结合公共信用信息,设计科学合理的模型对社会组织、企业和个人生态信用进行评分评级,并实施动态管理。根据生态信用不同分数、不同等级,提供差异化的优惠服务和金融服务,让生态行为良好的主体得到相应回报,让生态行为负面的主体付出相应代价。

专栏 6-2　浙江省丽水市深化"生态信用"体系建设

2020 年以来,丽水市在全国开创性构建以个人、企业、行政村为信用评价主体,以特色应用融合拓展深化为核心的"生态信用"体系。

(一)首创"生态信用"制度体系,探索"绿色守信"新维度。建立个人、企业、行政村三大主体 AAA—D 级不同档次量化评分制度,作为生态信用数据归集和主体评价管理的主要依据,并以此架构形成"1+3"生态信用制度体系。2020 年 3 月,正式印发生态信用行为正负面清单及"绿谷分"(个人信用积分)、生态信用企业、生态信用村评价管理办法。其中,生态信用行为正负面清单围绕各类主体生态信用正面倡导行为和负面抵制行为梳理形成,正面清单涵盖生态保护、生态经营、绿色生活、生态文化、社会责任 5 个维度的 12 个正向激励事项,负面清单明确了生态保护、生态经营、绿色生活、社会责任 4 个维度的 10 个负面事项,其中正面清单 18 条,负面清单 30 条。在此基础上,丽水市进一步探索建立跨区域信用体系建设合作机制和信用信息共享模式,推动跨区应用共享,与上海市黄浦区联合举办黄浦—丽水"信游长三角"启动仪式,在旅游领域先行先试,依托"随申办""浙里办"体系,面向两地守信市民推出 40 多项信用惠民服务,以信用联动助力长三角一体化建设。

(二)推出个人生态信用"绿谷分",引领"绿色生活"新风尚。以层次分析法构建评分模型计算出个人生态信用积分,再与省自然人公共信用积分分值的50%加权形成丽水市个人信用积分(绿谷分),推出个人信用评价等级着色码管控机制。全面归集相关信息数据,形成全市统一的个人生态信用数据池,为个人生态信用的着色评级提供数据支撑。建立生态信用全景分析系统,为优化和推进生态信用管理提供决策支撑。在此基础上,丽水市以智能化场景应用为着力点,拓展"信易行""信易游""信易购"等16个信用便民服务场景,具体包括商业综合体、旅游景区、银行、停车场等提供的优惠服务60余项,进一步提升市民参与度与黏合性,有效变现信用价值;持续推广个人生态信用积分,归集全市18岁以上户籍人口和常住人口各类生态信用正负面数据5000多万条,完成全市240余万人个人生态信用积分基础评定,推动"绿谷分"在"浙里办"上线运行,全市注册人数突破16万人。

(三)数字赋能企业生态信用"应用链",探索"绿色监管"新模式。建立企业生态信用"数据池"和主体生态信用档案,明确企业生态信用评价范围,从生态环境保护、生态经营、社会责任、一票否决项4个维度22个指标细项,构建企业生态信用评分模型。对生态守信企业予以正向激励,在税收优惠、专项资金补助、"双随机"抽查、融资贷款等方面给予政策支持,开辟环保审批绿色通道、实行容缺受理,对符合条件的环评审批依法依规实行承诺制。联通污染源企业数据池和环境物联感知监测网络,有机结合产业负面清单、全域两禁等机制,与协同智慧系统联动,构建"事件触发—业务协同—职能处置—结果反馈—效能晾晒—信用联动"的数字化、全链条、闭环式生态数字治理新模式。在此基础上,丽水市不断强化企业生态信用评价管理,通过系统跑分,目前约12000余家企业参评。

(四)充实丰富基层生态信用"工具箱",开拓"绿色治理"新路径。分批次开展生态信用村创建,对空气状况、森林资源保护、水生态保护等8个一级指标、28个二级指标进行数据归集和打分。通过村民自治组织评定,将村民日常生产生活行为纳入生态信用评分范畴,构建基层政府主导,社会组织、金融机构联动的生态信用工作平台。创新村级信用变现"微循环"载体,鼓励居民积极开展绿色生活,赋予绿色行为可量化的价值。聚焦农村金融信贷改革创新,以行政村和乡镇为单位,分析区域农户的信用分布状况,评出AAA、AA、A3个区域等级,并按照"整体批发集中授信"形式进行集中授信,实施差别化信贷优惠政策。在此基础上,丽水市遵循试点先行、逐步推开、定量为主、激励导向的原则,全面提升生态信用村覆盖面,经过两批评选共创建生态信用村216个。同时,扎实推进基层金融实践,全市24家金融机构开办"两山贷"业务,累计发放"两山贷"近4万笔,金额超过35亿元。实行信用等级差别化信贷优惠政策,如,云和县雾溪乡结合基层治理推出生态信用"两山兑""两山贷""两山存""两山货"等系列守信激励产品和场景,通过"两山兑"为村民兑换9万多生态信用积分,兑现 9 万多元的生活用品,发放"两山贷"信用贷款 150 笔,合计金额 5000 余万元。

(二) 推进资源税改革

资源税是对在我国境内开发应税资源的单位和个人征收的一种税,在资源开发环节一次性征收。2016 年 7 月,我国全面实施了矿产资源税从价计征改革。2019 年 8 月,全国人大常委会审议通过《中华人民共和国资源税法》,将资源税从价计征改革成果上升为法律,确立了规范公平、调控合理、征管高效的资源税制度。资源税法实施以来,在组织收入、调控经济、促进资源节约集约利用等方面发挥了积极作用。资源税法授权国务院根据国民经济和社会发展需要,依照本法原则,对取用地表水或者地下水的单位和个人试点征收水资源税。水资源税改革采取了分步推进的方式,目前已在北京、天津、河北等 10 省(区、市)实施了改革试点。下一步将按照党中央、国务院统一部署,适时全面推开。

(三) 规范用地供给

土地是推动生态产品价值实现的关键辅助要素。要在对生态扰动最小化、符合相关法律法规和严守"三条控制线"的基础上,探索规范用地供给,特别是在推动特定地域单元生态产品价值实现过程中,根据生态产品的特性,对必要的物质供给类生态产品精深加工、调节服务类生态产品环境敏感型产业、文化服务类生态产品修复加固改造等经营开发业态，因地制宜地合理配置一定比例小规模的建设用地资源，以切实保障生态产品价值的有效实现。

三、加大绿色金融服务力度

绿色金融是推动生态产品价值实现必不可少的催化剂。我国生态产品价值实现领域普遍存在经营主体分散、经济实力不强等问题，如果缺乏现代金融的参与，就难以推动生态产品价值合理高效变现。加大绿色金融服务力度，通过金融组织、融资模式、服务方式和管理制度等创新，有利于把生态优势转化为发展优势，有效解决"融资难""融资贵"等问题，推动绿水青山向金山银山转化。加大绿色金融服务力度，要重点从完善抵押贷款模式、创新绿色金融产品、优化绿色金融服务、提供融资担保服务、推进生态产品资产证券化等方面取得新突破，为生态产品价值实现提供坚强的资金保障。

（一）创新"生态资产权益抵押+项目贷"等模式

"生态资产权益抵押+项目贷"模式是绿色金融支持生态产品价值实现的有益探索，目前国内已有较为丰富的实践基础。通过"生态资产权益抵押+项目贷"模式，将符合条件的分散化生态资源集中收储,转化为优质生态资产包,并按照项目方式获取融资支持,用以区域内生态环境质量提升及市场化运作开发,有助于盘活存量生态资产。

要以特定地域单元生态产品价值实现推动"生态资产权益抵押+项目贷"模式创新。围绕特定地域单元内的核心生态要素,如一座山、一片林,同时为其搭配一定量的古村落、建设用地等非生态资产,然后将归属生态要素的生态保护补偿资金、林权、碳汇等资产打包划入负责特定地域单元开发的项目公司作为其资本金,并为非生态资产优选业态适宜、最小扰动的产业项目及开发模式,如生态产品加工园区、古村落民宿及生态文化旅游、废旧矿山改造与综合开发、农田绿色开发等,据此以项目公司拥有的生态资产附带的权益为抵押,如生态保护补偿协议受益权、碳汇、林权等,以产业项目开发未来收益为贷款依据,并创新性设计绿色金融产品,以此获得的贷款用于经营项目开发,待项目开发成功后获得的现金流既可以偿还贷款,还可以对核心生态要素进行保护,从而实现财务自平衡、经济可持续、生态能保护的良性循环。

(二)探索绿色金融产品创新

创新绿色金融产品,是满足生态产品价值实现资金多样化需要的必然要求。由于各个地区自然资源禀赋条件和经济社会发展水平各异,生态产品价值实现路径也各有不同,依托价值实现路径而创新的金融产品也必然有所差异。

要坚持精准性和区域性,全面分析所在地区生态环境本底条件、辅助要素资源等各类客观条件,立足地方特色探索绿色金融产品创新,支持区域内生态环境系统整治及其基础上的生态产业发展。如在古村落资源丰富的地区,创新古村古建筑所有权、经营权"两权"抵押贷款的"古屋贷"模式,以收储、托管等形式进行资本融资,结合贷款主体信用和其他抵押物价值,对贷款主体进行增信,提升融资贷款额度,用于周边生态环境系统整治、古屋拯救改造、乡村休闲旅游开发等,从而推动生态产品价值实现。根据各地探索经验,在依法依规的前提下,也可以围绕生态信用、坏境权益、企业经营数据等创新多元抵质押融资金融产品,如丽水探索依托生态信用积分为农民融资量身定制了"两山贷"金融产品,北京市以企业碳配额作为抵押物创新了碳配额抵质押贷金融产品,新疆昌吉采用企业应收账款进行增信的中长期贷金融产品,均可为生态环境保护修复及生态产品价值实现活动提供良好的金融支持。

专栏6-3　江西省金溪县游垫村探索"古村+" 生态产品价值实现路径

游垫村是江西省金溪县一个具有代表性的生态古村,村落融自然山水、道德传统、民俗民风、建筑艺术于一体,是赣文化的重要传承载体和标志性符号。在2平方公里范围内涵盖山、水、林、田、湖、草等生态要素,并有40余栋明清代老屋,生态资源和文化资源本底较好。但长期以来粗放的生产生活方式,造成区域生态环境破坏严重,传统文化面临遗失风险,生态优势未被转化为经济优势。2019年8月,深圳文交所中国古建民居资产管理计划正式启动,作为全国唯一具有古村古建资产合法交易资质的平台,使金溪一百多个古村落活化利用成为了可能。同时,金溪抓住抚州市获批全国生态产品价值实现机制试点市契机,利用古村活化利用为生态产品价值实现赋能,创新探索古村落及周边生态环境系统保护修复协同推进的生态产品价值实现路径。

(一)顺应肌理,开展保护修复。以"绣花"功夫实施微改造、精提升,最大限度保留自然风光和文化遗存的原真性和完整性。一是顺应村落肌理。对古村落各类文物建筑及聚落格局、遗址遗存等进行系统保护规划,顺应原始风貌进行修复,充分挖掘历史文物价值。坚持"抢救一批、开发一批、申请世界文化遗产一批",全面加大古屋保护修缮力度,做到科学规划与分步建设统一、保护传承与整合利用并行。二是顺应自然肌理。遵照自然风光和文化遗存和谐相融的理念,以保护为前提、原生态为基调,科学开展古村落及周边山、水、林、田、湖、草系统整治,不断厚植生态产品价值、增值自然资本。三是顺应文化肌理。在开展古村落系统修复的基础上,加强乡村文化保护和传承,开展"讲好老屋故事行动""抢救家规祖训民风良俗"等系列活动,多措并举留住原住民,提升村落的文化影响力。

（二）创新机制，活化古村利用。强化制度设计，让各类要素活起来，加大绿色金融服务保障力度，推动资源变资产、资产变资本。一是创新托管机制。采取托管方式将散落在各家各户的古建筑使用权、经营权统一收储到国有公司，托管期限70年，租金300元/年/栋，有效破解了因租赁期短导致经营开发主体积极性不高的难题。二是创新确权颁证。对以托管方式取得用益物权的古村古建，创新颁发古村古建经营权证书，将其转化为"活资产"，为后续市场交易和引入金融工具奠定基础。三是创新评估标准。出台江西省地方标准《传统村落价值核算技术规范》，为古村古建价值评估提供标准依据。四是创新推出"古屋贷"。充分借鉴农村承包土地经营权、林权抵押贷款经验，推出古村古建筑所有权、经营权"两权"抵押贷款的"古屋贷"模式；结合贷款主体信用，推出"古建筑抵押+信用""古建筑抵押+保证""古建筑抵押+其他抵押"等模式，提升融资贷款额度。目前，金溪县"古屋贷"余额已达11.93亿。五是创新交易流程。与深圳文交所共同建立"乡村振兴要素交易平台金溪分中心"，对古村落的古建资产进行梳理、确价、挂牌，引入社会资本盘活区域内各类可交易资产。六是创新风险缓释机制。出资设立生态产品价值实现风险补偿金，缓释经营开发的信贷风险。建立金溪绿色金融法庭，规范提升绿色金融对生态产品价值实现的支撑保障作用。

（三）拓宽路径，推动价值实现。立足古村落各类优势资源和禀赋条件，因地制宜开展生态产品市场化经营开发。一是科学开发利用古屋资源。挖掘古屋文化资源，结合宗祠、戏曲等传统文化及现代新媒体技术，建设游垫祠堂村史馆、赣东民居馆、戏梦民宿、"游园听梦"新媒体艺术展馆等，提升游客吸引力。二是培育生态农业。设计建设以葡萄为主的瓜果采摘园、以长生彩稻为主的彩稻园和以迷迭香、薰衣草等草本香料为主的香料园，发展观光采摘等新业态新模式，促进农民合理增收。三是发展现代文旅产业。利用村内废弃宅基地和矿坑湖原选矿场地，在推进生态环境系统整治基础上，建设数字展示馆、艺术写生基地、碾房、空中步道、空中观景亭、人工沙滩等，打造生态休闲旅游品牌。

（三）提升金融机构服务质效

银行是金融产品和优质金融服务的主要提供者。从供给侧优化金融产品和服务，可以有效提升金融服务生态产品价值实现的水平和质量，并推动形成政府主管部门、银行机构和生态产品经营开发企业间的政银企投融资合作新模式，为生态产品价值实现注入金融活水。

要加快建立金融机构支持生态环境保护修复和生态产品价值实现的引导机制，发挥银行机构在生态产品价值实现中的关键作用，鼓励按照市场化、法治化原则，针对生态产品经营开发项目回报周期长、经营主体弱等特点,为生态产品经营开发主体提供长周期、低利率的贷款支持,合理降低经营开发主体的融资成本。优化完善金融服务体系,适当简化审批流程,为融资主体提供多元化、便捷化的金融服务,有效提升金融服务质效,逐步形成一批可复制、可推广的绿色金融服务模式,解决生态产品经营开发主体资金薄弱等难题。

(四)提供融资担保服务

政府性融资担保机构是指由政府及其授权机构出资并实际控股,以服务小微企业和"三农"主体为主要经营目标的融资担保、再担保机构,是破解小微企业和"三农"主体融资难、融资贵问题的重要手段和关键环节,对于稳增长、调结构、惠民生具有重要作用。由于气候等自然原因以及供需关系变化等市场原因,生态产品经营开发风险较高,投资回报不易估算,经营开发主体往往面临着"担保难"等瓶颈制约。

要鼓励政府性融资担保机构为符合条件的生态产品经营开发主体提供融资担保服务,支持符合条件的市场主体在政府指导下发起设立面向生态产品经营开发主体的小额贷款公司和融资担保公司,向种植户、养殖户给予小额贷款或担保,加强普惠金融支持。同时,注重规范发展供应链金融,鼓励金融机构加强与核心企业的合作,发挥产业链"链主"企业信用担保增信作用,为金融机构开展对供应链上下游生态产品经营开发企业的融资服务提供支持。此外,积极探索生态资源收储机构和平台增加担保功能,为相关权益抵押贷款提供融资担保服务。

(五)探索生态产品资产证券化路径模式

生态产品资产证券化在我国仍属于新兴概念,处于起步探索期,还未形成可供各地参考推广的成功经验,需要借鉴其他领域资产证券化的有益模式。如,乡村振兴领域资产证券化产品,其成功发行不仅对金融创新助力乡村振兴起到了积极推动作用,也为将来生态产品资产证券化等多元融资模式提供了借鉴和参考。

要引导并推动银行、证券、基金等金融机构探索生态产品资产证券化路径,可重点围绕以下两个领域深化实践:一是积极支持相关企业主体直接上市融资,为从事碳达峰碳中和、生态环境保护修复、生态产品价值实现等"生态+"企业上市开辟绿色通道,在依法依规的前提下适当放宽上市条件,加大直接融资规模;二是参照基础设施资产证券化模式,在具备条件的地区选择能够产生稳定现金流的生态资产,如以森林康养旅游、林下种养殖、林业碳汇等收益作为还款来源的森林经营资产,以该生态资产作为资产证券化的底层资产,以生态产品经营开发所产生的稳定现金流为偿付支持,在金融市场发行有价证券。

第七章　建立生态产品价值
实现推进机制

　　建立健全生态产品价值实现机制涉及多部门、各领域，需要形成协同推进的整体合力。同时，建立健全生态产品价值实现机制在我国尚处于起步探索期，仍面临不少重难点问题亟待破解。建立生态产品价值实现推进机制，就是要进一步加强统筹协调和督促落实，压实各方责任，深化试点示范探索，发挥智库和科研机构作用，加快破解"难度量、难交易、难变现、难抵押"等"四难"问题，为建立健全生态产品价值实现机制提供必要支撑。

一、推进试点示范

　　推进试点示范，是建立健全生态产品价值实现机制的必然要求,有助于进一步完善生态产品价值实现的理论体系和实践模式。推进试点示范,要围绕建立健全生态产品价值实现机制的重点领域、关键环节和短板弱项,选择具备条件的地区深入开展实践探索,逐步建立生态产品价值核算方法、认证评价标准等技术规程,破除生态产品价值考核、绿色金融等方面政策制度瓶颈制约,拓展生态产品经营开发、保护补偿等价值实现模式,形成有力支撑生态产品价值实现机制的技术标准体系、政策制度体系和有效路径模式。

(一)把握试点示范原则

推进生态产品价值实现机制试点示范,是一项全新的探索任务,要准确把握其工作原则。从浙江丽水、江西抚州生态产品价值实现机制试点探索实践来看,主要有以下几项原则:一是坚守底线。把保护修复生态环境摆在压倒性位置,坚决守住自然生态安全边界和生态保护红线,不断增值自然资本,厚植生态产品价值。二是统筹推进。按照中央统筹、省负总责、市县抓落实的工作机制,坚持上下联动、协同推进,打破各部门条块分割、各自为政的局面,形成整体合力。三是探索创新。聚焦生态产品价值实现机制的重难点问题,因地制宜、分类施策,结合实际深入探索,允许试错、及时纠错、宽容失败。四是高度重视。试点地区党委、政府高度重视,建立负责同志挂帅、发展改革部门牵头、相关部门参与的生态产品价值实现机制试点工作推进机制,采取有力措施,确保试点任务精准落实。五是利于推广。立足好用管用、便于实施导向,突出地方特色,尽快形成系统性强、可复制、可推广的创新性改革成果。

(二)明确试点示范方向

推进生态产品价值实现机制试点示范,核心目的是要破解生态产品价值实现机制面临的重难点问题。因此,试点方向要围绕有效破解生态产品"难度量、难交易、难变现、难抵押"等"四难"问题,重点在生态产品价值核算、供需精准对接、可持续经营开发、保护补偿、评估考核等方面开展实践探索。一是建立生态产品价值核算体系,破解"难度量"问题。主要是在建立生态产品价值评价体系、制定生态产品价值核算规范、推动生态产品价值核算结果应用等方面深化实践探索,切实解决生态产品价值核算办法和核算结果"不受认可""不接地气"等问题。二是推动生态产品市场化经营开发,破解"难交易"问题。主要是在促进生态产品供需精准对接、拓展生态产品价值实现模式、促进生态产品价值增值、开展生态资源权益交易等方面强化实践探索,推动生态产品资源最优化配置、效益最大化实现。三是健全生态产品保护补偿机制,破解"难变现"问题。主要是在健全多元化生态保护补偿机制、完善生态环境损害赔偿制度等方面加大工作力度,让各方真正认识到绿水青山可以源源不断带来金山银山。四是创新金融支持生态产品价值实现方式,破解"难抵押"问题。主要是在创新绿色金融产品、提升金融服务水平、开辟绿色金融新领域等方面深化改革创新,为生态产品价值实现提供坚强资金支撑。

(三)已有试点示范进展情况

2019 年以来,国家发展改革委(推动长江经济带发展领导小组办公室)先后支持浙江丽水、江西抚州开展生态产品价值实现机制试点。3 年多来,两地在生态产品价值核算、市场化经营开发、评估考核、绿色金融等方面,初步形成了一批可复制、可推广的经验做法,具有典型的实践借鉴意义(详见附录 C)。

2019 年 1 月,国家发展改革委支持浙江丽水开展生态产品价值实现机制试点,聚焦形成多条示范全国的生态产品价值实现路径、形成一套科学合理的生态产品价值核算评估体系、建立一套行之有效的生态产品价值实现制度体系、建立一个联系国际的开发合作平台的目标要求,开展了大量卓有成效的探索。探索的重点是建立生态产品价值核算评估应用机制、健全生态产品市场交易体系、创新生态产品价值实现路径、健全生态产品质量认证体系、健全生态产品价值实现支撑体系。

2019 年 9 月,国家发展改革委支持江西抚州开展生态产品价值实现机制试点,以构建生态产品价值核算体系、探索多元化生态产品价值实现路径、培育品牌和构建认证体系、创新体制机制、提升支撑能力为重点,坚持生态优先、绿色发展,市场化运作、全社会参与,供给者受益、使用者付费,先行先试、规范有序的基本原则,积极稳妥推进试点探索工作。

二、强化智力支撑

建立健全生态产品价值实现机制是一项不断发展的改革创新任务,离不开专家学者的智力支撑,既需要有大量专门人才服务于调查监测、价值评价、经营开发、保护补偿、绩效考核、机制创新等生态产品价值实现诸多创新领域,也需要围绕生态产品价值实现机制前沿重点开展深入研究。强化智力支撑,要针对生态产品价值实现机制重难点问题,加强改革创新研究,强化相关专业建设和人才培养,培育跨领域跨学科的高端智库,搭建学术交流平台,不断丰富生态产品价值实现的理论体系和实践模式。

(一)深化问题研究

从已有探索实践看,建立健全生态产品价值实现机制仍有不少亟待破解的重难点问题,主要集中在生态产品价值核算体系尚不健全,生态产品价值实现路径尚不完备,生态产品价值实现缺乏相应的制度和机制保障。要针对这些实践过程中面临的突出问题,依托高等学校和科研机构,调动生态、环境、经济、文化、统计、金融、法律等多领域科研力量开展中长期联合攻关,突破生态产品价值实现过程中的技术瓶颈,解决绿水青山与金山银山转化的迫切问题。

在生态产品价值评估方面,随着学术界对生态系统服务和自然资本核算研究的不断深入,形成了残值法、市场价值法、替代成本法等一系列价值评估方法。由于调节服务类、文化服务类生态产品并非实物产品,在其价格和价值估算方面,往往缺乏明确的测算依据,加之核算范围区域性、整体性不一致等问题,加剧了估算的复杂性和困难性。要根据《意见》关于建立基于行政区域单元生态产品总值和特定地域单元生态产品价值两套评价体系要求,集中科研力量加快探索建立科学规范的核算方法体系和核算标准体系,使其能够在全国乃至国际社会得到广泛认可和应用,特别是要进一步深化特定地域单元生态产品价值核算方法研究,保证核算结果能被市场接受。

在生态产品价值实现路径方面,我国生态产品价值实现主要以政府为主导,市场主体参与较少,导致价值实现的活力明显不足。同时,由于市场交易体系不完整、经营开发业态不丰富、价值增值不明显、反映生态产品质量的价格机制不成熟等问题,生态产品供给难以满足人民群众全方位、多层次的需求。要围绕发挥市场在资源配置中的决定性作用,在生态产品交易中心建设、生态产品认证评价标准设计、生态产品经营开发模式等方面深化研究,提供一批科学的解决方案,支撑生态产品价值高效变现。

在生态产品价值实现长效机制方面,一是政府机制方面,生态产品的家底不清,生态资源资产产权不明晰,监管制度不健全,保障生态产品价值实现的法律法规体系不完善;二是市场机制方面,市场培育、经营权许可、市场准入退出和分配方式以及生态产品定价权的归属、程序、监督等机制没有完全建立。要以高效管用的体制机制作为重点研究方向,全面分析政府和市场在生态产品价值实现过程中的运行逻辑,注重补足制度空白和漏洞,为改革完善生态产品价值实现制度提出有关政策建议。

(二) 培养复合型人才

生态产品价值实现机制涉及到生态环境、自然资源、产业发展、农业农村、绿色金融等多个学科领域,其扎实有效落地离不开一批有多学科交叉背景的复合型人才队伍。要聚焦调查监测、价值评价、经营开发、保护补偿、绩效考核、金融财税等工作方向,全面深化生态产品价值实现机制基础理论研究,加强交叉融合,研究设立相关学科专业,制定完善建设方案,培养一批既懂经济学又懂生态学的复合型专业人才。

布局一批涉及生态产品价值实现相关专业。对于设有生态学、经济学相关专业的高等学校和科研机构,在充分评估专业方向和研究基础的前提下,要支持有条件的高校探索设立生态产品价值实现相关专业,加强师资引进,完善专业课程设计及专业指标评估体系,用好"第二课堂""第三课堂",提升专业建设能力和水平。同时,有计划组织相关专业教师参加校外相关学术活动,如生态产品价值实现学术论坛、学术会议等,深入了解我国生态产品价值实现理论研究成果和实践探索经验,提高教师整体专业素质与能力。

建立生态产品价值实现相关专业课程体系。要采取"请进来+走出去"相结合的方式,充分利用生态学、经济学相关专业教育资源和条件,按照专兼结合的理念,把业界资深专业人士充实进教学储备队伍。根据生态产品价值实现教学需要,结合生态学、经济学等相关学科课程体系的调整与完善,组织编写一批满足生态产品价值实现实践需要的系列教材。加强一流课程建设,并通过课程建设进一步提升师资队伍的整体水平。探索应用推广生态产品价值实现经典理论构建、关键问题突破和前沿研究进展的案例式教学等方式。探索建立生态产品价值实现课程学习综合考核制度,根据课程内容、教学要求、教学方式等特点确定考核方式,注重考核形式的多样化、有效性和可操作性,加强学生对生态产品价值实现基础知识、创新性思维和发现问题、解决问题能力的考查。

加强生态产品从业人员的专业培训。要充分利用各种"互联网+"方式开展培训,推广在线学习、实时课堂、复合式学习等方法,探索创新培训模式,进而建立生态产品价值实现相关技能培训生态圈,提升相关主体的核心竞争力。坚持从业务实际出发,对各领域生态产品价值实现具体工作情况进行细致分析,设计针对性的培训方案,提升培训的个性化、精准化水平。

(三)培育跨领域跨学科高端智库

智库是生态产品价值实现机制改革创新的思想库和创新源。目前,国内已有部分智库围绕生态产品价值实现机制开展了大量研究,如中科院生态环境研究中心、国家发展改革委宏观经济研究院、生态环境部环境规划院等均具有较好的研究基础。要在总结现有智库服务生态产品价值实现机制情况的基础上,依托高等院校、科研机构,同时注重发挥好企业智库和行业协会等各类主体作用,培育形成一批跨领域、跨学科的生态产品价值实现高端智库,支撑生态产品价值实现机制理论与实践研究,为建立健全生态产品价值实现机制作出更大贡献。

构建生态产品价值实现研究高端智库体系。要积极发展生态产品价值实现机制研究的多类型、多层次智库,推动官方与民间、综合型与专业型、全国性与区域性等不同层级智库对生态产品价值实现机制开展研究,积极扩大各层次智库的学术影响力、政策影响力、社会影响力、国际影响力。以集体作业、多层分工协作为导向,通过论坛、座谈会等形式推动高端智库在生态产品价值实现领域研究的联动和功能融合,建立协同有序的发展格局,保证相关政策咨询的针对性和可操作性。

完善生态产品价值实现机制决策咨询制度。要建立生态产品价值实现机制决策的高端智库参与制度,坚持党委政府决策、智库决策咨询、公众有序参与有机结合,实现高端智库参与决策制度化、规范化、程序化。支持相关智库定期报送与生态产品价值实现机制相关的决策咨询报告,建立相应的激励机制和信息反馈机制,提高高端智库参与生态产品价值实现机制决策的积极性和主动性。

建设生态产品价值实现高端智库服务平台。要通过搭建服务平台,为从事生态产品价值实现相关研究的高端智库提供丰富、有力的信息支持,包括政府部门生态、经济等方面的统计数据、可公开的决策信息,公共图书馆馆藏机构提供的专项资料和基础性服务,行业协会等中介组织的相关信息资料等,让高端智库更好了解我国生态产品价值实现机制推进实际,提出符合我国现实国情的针对性政策建议。

(四)搭建学术交流平台

生态产品是具有中国特色的概念,国际上与其类似的学术研究起步较早,已具备一定的理论研究基础和成果,联合国已将其列为重点课题加以研究。因此,要着力加强国内外在生态产品价值实现领域的学术交流,取长补短、相互借鉴,实现好经验、好做法的共建共享。同时,构建生态产品价值实现学术交流平台,鼓励高等院校、科研机构定期举办国际研讨会、经验交流论坛等,交流研究成果,加强合作,共同推进生态产品价值实现机制改革创新取得新突破。

用好国内外生态产品价值实现相关领域学会交流平台。国内相关学会交流平台有中国生态学学会、中国管理科学学会等。中国生态学学会每年举办中国生态学大会，紧扣生态学前沿，围绕国家生态文明建设需求，报告国内外生态文明领域重要新进展。国外相关学会交流平台包括美国生态学会、英国生态学会、美国经济协会等。要依托现有学术平台，积极开展生态产品价值实现相关学术交流活动。

适时创办生态产品价值实现专业学术杂志。打造高水平、国际化的生态产品价值实现专业学术杂志，能有力展现我国生态文明建设和生态产品价值实现领域高水平理论研究成果。考虑到目前国内在生态产品价值核算、生态保护补偿、绿色金融等方面具有较为丰富的实践探索经验，可初步将其确定为现阶段重点刊发内容，向世界讲好我国推进生态文明建设的好经验、好做法。同时，随着生态产品价值实现机制探索实践工作不断深入，及时调整优化完善杂志的用稿方向及主要内容。

筹建生态产品价值实现系列学术论坛和研讨会。筹备国际学术论坛和研讨会，加强互学互鉴，能进一步学习国外生态产品价值实现的好经验好做法，并向世界宣介以生态产品价值实现为重点协同推进生态环境保护和经济发展的中国智慧和中国方案，提升我国在生态文明建设领域的国际影响力和话语权。要依托具有相关研究基础的高端智库，积极组织筹备生态产品价值实现学术论坛和研讨会,邀请国内外有关专家学者结合自身研究领域,介绍生态产品价值实现的最新研究成果,并研究探索对外发布中国生态产品价值实现年度报告。

附录 A 关于建立健全生态产品价值实现机制的意见

建立健全生态产品价值实现机制,是贯彻落实习近平生态文明思想的重要举措,是践行绿水青山就是金山银山理念的关键路径,是从源头上推动生态环境领域国家治理体系和治理能力现代化的必然要求,对推动经济社会发展全面绿色转型具有重要意义。为加快推动建立健全生态产品价值实现机制,走出一条生态优先、绿色发展的新路子,现提出如下意见。

一、总体要求

(一)指导思想。以习近平新时代中国特色社会主义思想为指导,全面贯彻党的十九大和十九届二中、三中、四中、五中全会精神,深入贯彻习近平生态文明思想,按照党中央、国务院决策部署,统筹推进"五位一体"总体布局,协调推进"四个全面"战略布局,立足新发展阶段、贯彻新发展理念、构建新发展格局,坚持绿水青山就是金山银山理念,坚持保护生态环境就是保护生产力、改善生态环境就是发展生产力,以体制机制改革创新为核心,推进生态产业化和产业生态化,加快完善政府主导、企业和社会各界参与、市场化运作、可持续的生态产品价值实现路径,着力构建绿水青山转化为金山银山的政策制度体系,推动形成具有中国特色的生态文明建设新模式。

(二)工作原则

——保护优先、合理利用。尊重自然、顺应自然、保护自然,守住自然生态安全边界,彻底摒弃以牺牲生态环境换取一时一地经济增长的做法,坚持以保障自然生态系统休养生息为基础,增值自然资本,厚植生态产品价值。

——政府主导、市场运作。充分考虑不同生态产品价值实现路径,注重发挥政府在制度设计、经济补偿、绩效考核和营造社会氛围等方面的主导作用,充分发挥市场在资源配置中的决定性作用,推动生态产品价值有效转化。

——系统谋划、稳步推进。坚持系统观念,搞好顶层设计,先建立机制,再试点推开,根据各种生态产品价值实现的难易程度,分类施策、因地制宜、循序渐进推进各项工作。

——支持创新、鼓励探索。开展政策制度创新试验,允许试错、及时纠错、宽容失败,保护改革积极性,破解现行制度框架体系下深层次瓶颈制约,及时总结推广典型案例和经验做法,以点带面形成示范效应,保障改革试验取得实效。

(三)战略取向

——培育经济高质量发展新动力。积极提供更多优质生态产品满足人民日益增长的优美生态环境需要,深化生态产品供给侧结构性改革,不断丰富生态产品价值实现路径,培育绿色转型发展的新业态新模式,让良好生态环境成为经济社会持续健康发展的有力支撑。

——塑造城乡区域协调发展新格局。精准对接、更好满足人民差异化的美好生活需要,带动广大农村地区发挥生态优势就地就近致富、形成良性发展机制,让提供生态产品的地区和提供农产品、工业产品、服务产品的地区同步基本实现现代化,人民群众享有基本相当的生活水平。

——引领保护修复生态环境新风尚。建立生态环境保护者受益、使用者付费、破坏者赔偿的利益导向机制,让各方面真正认识到绿水青山就是金山银山,倒逼、引导形成以绿色为底色的经济发展方式和经济结构,激励各地提升生态产品供给能力和水平,营造各方共同参与生态环境保护修复的良好氛围,提升保护修复生态环境的思想自觉和行动自觉。

——打造人与自然和谐共生新方案。通过体制机制改革创新,率先走出一条生态环境保护和经济发展相互促进、相得益彰的中国道路,更好彰显我国作为全球生态文明建设重要参与者、贡献者、引领者的大国责任担当,为构建人类命运共同体、解决全球性环境问题提供中国智慧和中国方案。

（四）主要目标。到 2025 年,生态产品价值实现的制度框架初步形成,比较科学的生态产品价值核算体系初步建立,生态保护补偿和生态环境损害赔偿政策制度逐步完善,生态产品价值实现的政府考核评估机制初步形成,生态产品"难度量、难抵押、难交易、难变现"等问题得到有效解决,保护生态环境的利益导向机制基本形成,生态优势转化为经济优势的能力明显增强。到 2035 年,完善的生态产品价值实现机制全面建立,具有中国特色的生态文明建设新模式全面形成,广泛形成绿色生产生活方式,为基本实现美丽中国建设目标提供有力支撑。

二、建立生态产品调查监测机制

（五）推进自然资源确权登记。健全自然资源确权登记制度规范,有序推进统一确权登记,清晰界定自然资源资产产权主体,划清所有权和使用权边界。丰富自然资源资产使用权类型,合理界定出让、转让、出租、抵押、入股等权责归属,依托自然资源统一确权登记明确生态产品权责归属。

（六）开展生态产品信息普查。基于现有自然资源和生态环境调查监测体系,利用网格化监测手段,开展生态产品基础信息调查,摸清各类生态产品数量、质量等底数,形成生态产品目录清单。建立生态产品动态监测制度,及时跟踪掌握生态产品数量分布、质量等级、功能特点、权益归属、保护和开发利用情况等信息,建立开放共享的生态产品信息云平台。

三、建立生态产品价值评价机制

(七)建立生态产品价值评价体系。针对生态产品价值实现的不同路径,探索构建行政区域单元生态产品总值和特定地域单元生态产品价值评价体系。考虑不同类型生态系统功能属性,体现生态产品数量和质量,建立覆盖各级行政区域的生态产品总值统计制度。探索将生态产品价值核算基础数据纳入国民经济核算体系。考虑不同类型生态产品商品属性,建立反映生态产品保护和开发成本的价值核算方法,探索建立体现市场供需关系的生态产品价格形成机制。

(八)制定生态产品价值核算规范。鼓励地方先行开展以生态产品实物量为重点的生态价值核算,再通过市场交易、经济补偿等手段,探索不同类型生态产品经济价值核算,逐步修正完善核算办法。在总结各地价值核算实践基础上,探索制定生态产品价值核算规范,明确生态产品价值核算指标体系、具体算法、数据来源和统计口径等,推进生态产品价值核算标准化。

（九）推动生态产品价值核算结果应用。推进生态产品价值核算结果在政府决策和绩效考核评价中的应用。探索在编制各类规划和实施工程项目建设时，结合生态产品实物量和价值核算结果采取必要的补偿措施，确保生态产品保值增值。推动生态产品价值核算结果在生态保护补偿、生态环境损害赔偿、经营开发融资、生态资源权益交易等方面的应用。建立生态产品价值核算结果发布制度，适时评估各地生态保护成效和生态产品价值。

四、健全生态产品经营开发机制

（十）推进生态产品供需精准对接。推动生态产品交易中心建设，定期举办生态产品推介博览会，组织开展生态产品线上云交易、云招商，推进生态产品供给方与需求方、资源方与投资方高效对接。通过新闻媒体和互联网等渠道，加大生态产品宣传推介力度，提升生态产品的社会关注度，扩大经营开发收益和市场份额。加强和规范平台管理，发挥电商平台资源、渠道优势，推进更多优质生态产品以便捷的渠道和方式开展交易。

（十一）拓展生态产品价值实现模式。在严格保护生态环境前提下，鼓励采取多样化模式和路径，科学合理推动生态产品价值实现。依托不同地区独特的自然禀赋，采取人放天养、自繁自养等原生态种养模式,提高生态产品价值。科学运用先进技术实施精深加工,拓展延伸生态产品产业链和价值链。依托洁净水源、清洁空气、适宜气候等自然本底条件,适度发展数字经济、洁净医药、电子元器件等环境敏感型产业,推动生态优势转化为产业优势。依托优美自然风光、历史文化遗存,引进专业设计、运营团队,在最大限度减少人为扰动前提下,打造旅游与康养休闲融合发展的生态旅游开发模式。加快培育生态产品市场经营开发主体,鼓励盘活废弃矿山、工业遗址、古旧村落等存量资源,推进相关资源权益集中流转经营,通过统筹实施生态环境系统整治和配套设施建设,提升教育文化旅游开发价值。

(十二)促进生态产品价值增值。鼓励打造特色鲜明的生态产品区域公用品牌,将各类生态产品纳入品牌范围,加强品牌培育和保护,提升生态产品溢价。建立和规范生态产品认证评价标准,构建具有中国特色的生态产品认证体系。推动生态产品认证国际互认。建立生态产品质量追溯机制,健全生态产品交易流通全过程监督体系,推进区块链等新技术应用,实现生态产品信息可查询、质量可追溯、责任可追查。鼓励将生态环境保护修复与生态产品经营开发权益挂钩,对开展荒山荒地、黑臭水体、石漠化等综合整治的社会主体,在保障生态效益和依法依规前提下,允许利用一定比例的土地发展生态农业、生态旅游获取收益。鼓励实行农民入股分红模式,保障参与生态产品经营开发的村民利益。对开展生态产品价值实现机制探索的地区,鼓励采取多种措施,加大对必要的交通、能源等基础设施和基本公共服务设施建设的支持力度。

(十三)推动生态资源权益交易。鼓励通过政府管控或设定限额,探索绿化增量责任指标交易、清水增量责任指标交易等方式,合法合规开展森林覆盖率等资源权益指标交易。健全碳排放权交易机制,探索碳汇权益交易试点。健全排污权有偿使用制度,拓展排污权交易的污染物交易种类和交易地区。探索建立用能权交易机制。探索在长江、黄河等重点流域创新完善水权交易机制。

五、健全生态产品保护补偿机制

(十四)完善纵向生态保护补偿制度。中央和省级财政参照生态产品价值核算结果、生态保护红线面积等因素,完善重点生态功能区转移支付资金分配机制。鼓励地方政府在依法依规前提下统筹生态领域转移支付资金,通过设立市场化产业发展基金等方式,支持基于生态环境系统性保护修复的生态产品价值实现工程建设。探索通过发行企业生态债券和社会捐助等方式,拓宽生态保护补偿资金渠道。通过设立符合实际需要的生态公益岗位等方式,对主要提供生态产品地区的居民实施生态补偿。

（十五）建立横向生态保护补偿机制。鼓励生态产品供给地和受益地按照自愿协商原则,综合考虑生态产品价值核算结果、生态产品实物量及质量等因素,开展横向生态保护补偿。支持在符合条件的重点流域依据出入境断面水量和水质监测结果等开展横向生态保护补偿。探索异地开发补偿模式,在生态产品供给地和受益地之间相互建立合作园区,健全利益分配和风险分担机制。

（十六）健全生态环境损害赔偿制度。推进生态环境损害成本内部化,加强生态环境修复与损害赔偿的执行和监督,完善生态环境损害行政执法与司法衔接机制,提高破坏生态环境违法成本。完善污水、垃圾处理收费机制,合理制定和调整收费标准。开展生态环境损害评估,健全生态环境损害鉴定评估方法和实施机制。

六、健全生态产品价值实现保障机制

（十七）建立生态产品价值考核机制。探索将生态产品总值指标纳入各省（自治区、直辖市）党委和政府高质量发展综合绩效评价。推动落实在以提供生态产品为主的重点生态功能区取消经济发展类指标考核,重点考核生态产品供给能力、环境质量提升、生态保护成效等方面指标;适时对其他主体功能区实行经济发展和生态产品价值"双考核"。推动将生态产品价值核算结果作为领导干部自然资源资产离任审计的重要参考。对任期内造成生态产品总值严重下降的,依规依纪依法追究有关党政领导干部责任。

(十八)建立生态环境保护利益导向机制。探索构建覆盖企业、社会组织和个人的生态积分体系,依据生态环境保护贡献赋予相应积分,并根据积分情况提供生态产品优惠服务和金融服务。引导各地建立多元化资金投入机制,鼓励社会组织建立生态公益基金,合力推进生态产品价值实现。严格执行《中华人民共和国环境保护税法》,推进资源税改革。在符合相关法律法规基础上探索规范用地供给,服务于生态产品可持续经营开发。

(十九)加大绿色金融支持力度。鼓励企业和个人依法依规开展水权和林权等使用权抵押、产品订单抵押等绿色信贷业务,探索"生态资产权益抵押+项目贷"模式,支持区域内生态环境提升及绿色产业发展。在具备条件的地区探索"古屋贷"等金融产品创新,以收储、托管等形式进行资本融资,用于周边生态环境系统整治、古屋拯救改造及乡村休闲旅游开发等。鼓励银行机构按照市场化、法治化原则,创新金融产品和服务,加大对生态产品经营开发主体中长期贷款支持力度,合理降低融资成本,提升金融服务质效。鼓励政府性融资担保机构为符合条件的生态产品经营开发主体提供融资担保服务。探索生态产品资产证券化路径和模式。

七、建立生态产品价值实现推进机制

(二十)加强组织领导。按照中央统筹、省负总责、市县抓落实的总体要求,建立健全统筹协调机制,加大生态产品价值实现工作推进力度。国家发展改革委加强统筹协调,各有关部门和单位按职责分工,制定完善相关配套政策制度,形成协同推进生态产品价值实现的整体合力。地方各级党委和政府要充分认识建立健全生态产品价值实现机制的重要意义,采取有力措施,确保各项政策制度精准落实。

(二十一)推进试点示范。国家层面统筹抓好试点示范工作,选择跨流域、跨行政区域和省域范围内具备条件的地区,深入开展生态产品价值实现机制试点,重点在生态产品价值核算、供需精准对接、可持续经营开发、保护补偿、评估考核等方面开展实践探索。鼓励各省(自治区、直辖市)积极先行先试,并及时总结成功经验,加强宣传推广。选择试点成效显著的地区,打造一批生态产品价值实现机制示范基地。

(二十二)强化智力支撑。依托高等学校和科研机构,加强对生态产品价值实现机制改革创新的研究,强化相关专业建设和人才培养,培育跨领域跨学科的高端智库。组织召开国际研讨会、经验交流论坛,开展生态产品价值实现国际合作。

（二十三）推动督促落实。将生态产品价值实现工作推进情况作为评价党政领导班子和有关领导干部的重要参考。系统梳理生态产品价值实现相关现行法律法规和部门规章，适时进行立改废释。国家发展改革委会同有关方面定期对本意见落实情况进行评估，重大问题及时向党中央、国务院报告。

附录 B 国家发展改革委有关负责同志就《关于建立健全生态产品价值实现机制的意见》答记者问

一、请问《关于建立健全生态产品价值实现机制的意见》出台的时代背景是什么？

习近平总书记高度重视生态产品价值实现工作，多次发表重要讲话指出，良好的生态蕴含着无穷的经济价值，能够源源不断创造综合效益，实现经济社会的可持续发展。2005年，时任浙江省委书记习近平同志在安吉余村调研考察，首次提出"绿水青山就是金山银山"的科学论断，强调既要绿水青山，也要金山银山，实际上绿水青山就是金山银山，本身，它有含金量。指明了绿水青山既是自然财富，也是社会财富、经济财富。2006年，习近平同志在中国人民大学演讲，系统阐述了"绿水青山就是金山银山"的理念，指出人类对"绿水青山"

和"金山银山"关系的认识经历了"用绿水青山去换金山银山""既要金山银山,也要保住绿水青山""绿水青山就是金山银山"三个阶段。2018 年,习近平总书记在深入推动长江经济带发展座谈会上强调指出,要积极探索推广绿水青山转化为金山银山的路径,选择具备条件的地区开展生态产品价值实现机制试点,探索政府主导、企业和社会各界参与、市场化运作、可持续的生态产品价值实现路径。2020 年,习近平总书记在全面推动长江经济带发展座谈会上指出,要加快建立生态产品价值实现机制,让保护修复生态环境获得合理回报,让破坏生态环境付出相应代价。

建立健全生态产品价值实现机制,是贯彻落实习近平生态文明思想的重要举措,有利于走出一条协同推进生态环境保护与经济发展的新路子,促进人与自然和谐共生;是践行绿水青山就是金山银山理念的关键路径,有利于破解绿水青山转化为金山银山的深层次体制机制障碍,推动生态环境优势持续转化为生态经济优势;是从源头上推动生态环境领域国家治理体系和治理能力现代化的必然要求,有利于让保护生态环境变得"有利可图",实现"要我保护"到"我要保护"的转变,对推动经济社会发展全面绿色转型具有重要意义。

二、请简要说明《意见》起草过程和总体考虑?

党的十八大以来,在习近平新时代中国特色社会主义思想指引下,各地深入践行绿水青山就是金山银山理念,特别是2018 年 4 月 26 日,习近平总书记在武汉召开深入推动长江经

济带发展座谈会后,长江经济带沿江省市积极探索绿水青山
转化为金山银山的路径,在生态产品价值实现机制方面开展
了大量探索,形成一批具有示范效应的可复制、可推广的经验
做法,具备总结提炼成政策制度体系并加以推广应用的坚实
基础。

为认真高效完成党中央交办的重大改革任务,国家发展
改革委会同有关方面深化重大问题研究,深入浙江、上海、江
西、福建等地开展调研,收集全国数百个生态产品价值实现成
功实践案例,总结提炼路径模式和政策措施,广泛听取地方、
金融机构、企业家和专家学者意见建议,先后两次征求中央
24 个部门和单位意见。2021 年 2 月 19 日,中央全面深化改
革委员会第十八次会议审议通过《意见》,并于近日由中共中
央办公厅、国务院办公厅印发实施。

在《意见》起草过程中,重点把握 3 个方面:

一是注重科学合理。既坚持生态优先,把保护修复生态
环境摆在压倒性位置;也统筹处理好生态环境保护和经济发
展的关系,在保障自然生态系统休养生息前提下,合理挖掘绿
水青山蕴含的经济价值。二是注重积极稳妥。既基于已有丰
富实践探索,把已成熟、看得准的经验做法加以推广应用,做
好制度框架顶层设计;也明确尚待深化探索的方向、路径和举
措,鼓励各方面加大试点探索力度,积极稳妥有效推进。三是
注重双向发力。既充分发挥政府主导与市场运作的双轮驱动
作用,畅通政府生态保护补偿和市场经营开发的价值实现路

径;也从正向激励和负向惩罚双向发力,让保护修复生态环境获得合理回报,让破坏生态环境付出相应代价。

三、请问《意见》的总体框架是什么?

《意见》总体框架为"一个总体要求+六个机制",共七个部分23条。第一部分为总体要求,明确了建立健全生态产品价值实现机制的指导思想、工作原则、战略取向,并提出了到2025年、2035年的主要目标。第二部分至第七部分明确了六个机制。一是建立生态产品调查监测机制。包括推进自然资源确权登记、开展生态产品信息普查等,这是价值实现的重要前提。二是建立生态产品价值评价机制。包括建立生态产品价值评价体系、制定生态产品价值核算规范、推动生态产品价值核算结果应用等,这是价值实现的关键基础。三是健全生态产品经营开发机制。包括推进生态产品供需精准对接、拓展生态产品价值实现模式、促进生态产品价值增值、推动生态资源权益交易等,这是发挥市场配置资源作用的实现路径。四是健全生态产品保护补偿机制。包括完善纵向生态保护补偿制度、建立横向生态保护补偿机制、健全生态环境损害赔偿制度等,这是发挥政府主导作用的实现路径。五是健全生态产品价值实现保障机制。包括建立生态产品价值考核机制、建立生态环境保护利益导向机制、加大绿色金融支持力度等,这是价值实现的重要支撑。六是建立生态产品价值实现推进机制。包括加强组织领导、推进试点示范、强化智力支撑、推动督促落实等,这是价值实现的组织保障。

四、请问如何准确理解《意见》的战略取向？

建立健全生态产品价值实现机制，核心要义就是从制度层面破解绿水青山转化为金山银山的瓶颈制约，建立生态环境保护者受益、使用者付费、破坏者赔偿的利益导向机制，引导和倒逼形成绿色发展方式、生产方式和生活方式，实现生态环境保护与经济发展协同推进。《意见》提出了四方面的战略取向，主要包括：

一是培育经济高质量发展新动力。生态本身就是一种经济，把生态环境优势转化为生态农业、生态工业、生态旅游等生态经济优势，绿水青山也就变成了金山银山。当前，我国已转向高质量发展阶段，以牺牲环境和过度依赖土地、资源等要素投入的发展模式已难以为继。建立健全生态产品价值实现机制，就是要在严格保护生态环境前提下，将良好生态环境蕴含的需求转化为供给并激发出来，形成经济发展新增长点，让生态成为支撑经济发展的不竭动力。

二是塑造城乡区域协调发展新格局。生态资源和生态产品，是乡村和生态地区的最大优势。我国农村地区、贫困地区往往与重点生态功能区高度重合，这些区域的生态环境优势就是潜在的发展优势。建立健全生态产品价值实现机制，就是要充分考虑不同地区人民对美好生活需要的差异性和互补性，推动生态产品供需有效对接，带动农村人口就近就地致富，逐步弥补城乡区域间发展差距，塑造宜工则工、宜商则商，宜农则农、宜粮则粮，宜山则山、宜水则水的城乡区域发展新格局。

三是引领保护修复生态环境新风尚。生态环境没有替代品,用之不觉,失之难存。长期以来,由于生态保护者难以通过保护补偿、经营开发等获得合理回报,社会各界参与生态环境保护的积极性、主动性不足,政府成为单一保护主体。建立健全生态产品价值实现机制,就是要使社会各界真正认识到绿水青山可以源源不断地带来金山银山,引导各方从"要我保护"到"我要保护"的根本转变,提升保护修复生态环境的思想自觉和行动自觉。

四是打造人与自然和谐共生新方案。协同推进经济发展和生态环境保护是全人类的共同命题和现实难题。我国作为全球生态文明建设重要参与者、贡献者、引领者,应当走在前、作表率,发挥更加积极有效的作用。建立健全生态产品价值实现机制,就是要发挥我国集中力量办大事的制度优势,率先走出一条生态环境保护与经济发展相互促进、相得益彰的中国道路,为构建人类命运共同体、解决全球性环境问题提供中国智慧和中国方案。

五、请问如何建立生态产品调查监测机制?

推动生态产品价值实现首先要建立生态产品调查监测机制,就是在开展自然资源确权登记和监测普查基础上,明确生态产品权责归属和基础信息,为后续开展生态产品价值核算、经营开发、保护补偿、绩效考核等工作提供科学、准确的基础数据。

一是推进自然资源确权登记。重点是依托自然资源统一

确权登记明确生态产品权责归属,健全自然资源确权登记制
度规范,清晰界定自然资源资产产权主体,划清所有权和使用
权边界。丰富自然资源资产使用权类型,合理界定出让、转
让、出租、抵押、入股等权责归属。

　　二是开展生态产品信息普查。重点是准确掌握生态产品
基础数据信息,基于现有水环境、空气质量、森林、湿地、草原
等自然资源和生态环境调查监测体系,利用网格化监测手段,
对各类生态产品数量和质量进行摸底调查,形成不同类别、不
同地域的生态产品目录清单。建立动态监测制度,跟踪掌握
生态产品数量分布、质量等级、功能特点、权益归属、保护和开
发利用情况等信息,对信息进行整合处理和及时更新,建立开
放共享的生态产品信息云平台,方便公众更加便捷地获取生
态产品信息。

六、请问如何建立生态产品价值评价机制?

　　摸清了生态家底,掌握了科学、准确的基础数据信息,但
其价值"口说无凭",必须有一套生态产品价值衡量标准,作
为生态产品经营开发、生态保护补偿、政府考核等的依据。生
态产品价值评价机制主要是明确价值评价的总体设计和方法
论,并为推动价值评价结果的应用作出制度安排。

　　一是建立生态产品价值评价体系。为了解决当前生态产
品价值核算"不受认可""不接地气"的矛盾问题,《意见》创
新性提出了针对生态产品价值实现的不同路径,探索构建行
政区域单元生态产品总值和特定地域单元生态产品价值的两

套评价体系。行政区域单元生态产品总值重点体现生态产品数量和质量的度量,偏重于统计层面,主要用于政府绩效考核,最终是要建立覆盖各级行政区域的生态产品总值统计制度。特定地域单元生态产品价值重点反映生态产品保护和开发成本,通过市场供需双方持续的交易实践,确定反映供需平衡的生态产品价格,为生态产品经营开发、担保信贷、权益交易等提供依据。

二是制定生态产品价值核算规范。就是要建立价值核算的方法论,逐步建立起一套规范的生态产品价值核算办法。采取分步推进、逐步修正完善的工作方式,鼓励地方先行开展以生态产品实物量为重点的核算,再通过市场交易、经济补偿等手段,探索形成不同类型生态产品经济价值核算方法。在总结各地价值核算实践的基础上,探索制定国家层面统一的核算规范。

三是推动生态产品价值核算结果应用。推进生态产品价值核算结果在政府决策和绩效考核评价中的应用,以核算结果作为生态保护补偿、生态环境损害赔偿等的依据,探索在编制各类规划和实施工程项目建设时,结合核算结果采取必要的补偿措施。推动生态产品价值核算结果在市场化生态产品价值实现路径中的应用,作为经营开发融资、生态资源权益交易等方面的重要依据。

七、请问如何健全生态产品经营开发机制?

生态产品经营开发就是在严格保护生态环境前提下,充

分发挥市场在资源配置中的决定性作用,既包括经营开发生
态产品,推动生态产业化,也包括生态资源权益的直接交易。
健全生态产品经营开发机制,关键就是在供需对接、创新模
式、价值增值、权益交易等方面形成良性循环,在市场交易中
推动绿水青山蕴含的生态产品价值实现。

一是推进生态产品供需精准对接。通过建立生态产品交
易中心和举办推介博览会,组织开展生态产品线上云交易、云
招商等方式,搭建资源方与投资方、供给方与需求方之间的桥
梁。充分利用新闻媒体和互联网等多种宣传渠道,不断提升
生态产品的社会关注度,扩大经营开发收益和市场份额。加
强规范管理,发挥电商平台资源、渠道优势,推进更多优质生
态产品以便捷、规范的渠道和方式开展交易。

二是拓展生态产品价值实现模式。在浙江丽水、江西抚
州等地生态产品经营开发实践的基础上,《意见》提出了鼓励
各地深化探索的多样化模式。如,人放天养、自繁自养等原生
态种养模式,运用先进技术实施生态产品精深加工模式,适度
发展数字经济、洁净医药、电子元器件等环境敏感型产业模
式,旅游与康养休闲融合发展的生态旅游开发模式等。此外,
还有盘活废弃矿山、工业遗址、古旧村落等存量资源,推进相
关资源权益集中流转经营的模式。

三是促进生态产品价值增值。生态产品由于其稀缺性,
理应得到更高的溢价。当前生态产品品牌建设缺失,认证和
质量追溯体系不健全,造成市场认可度和信任度不高,溢价价

值未得到充分体现。为此,应鼓励借鉴浙江丽水"丽水山耕""丽水山居""丽水山泉"、江西抚州"赣抚农品"、福建南平"武夷山水"等做法,着力打造特色鲜明的生态产品区域公用品牌,提升生态产品增值溢价。也要构建具有中国特色的生态产品认证标准体系,推动生态产品认证国际互认。建立生态产品质量追溯机制,实现生态产品信息可查询、质量可追溯、责任可追查。同时,要鼓励将生态环境保护修复与生态产品经营开发权益挂钩,让开展荒山荒地、黑臭水体、石漠化等综合整治的社会主体通过发展生态农业、生态旅游获取合法收益。鼓励参与生态产品经营开发的村民通过入股分红模式获取收益。对开展生态产品价值实现机制探索的地区,加大必要的交通、能源等基础设施和基本公共服务设施建设的支持力度。

四是推动生态资源权益交易。生态资源权益交易是生态产品价值实现市场化路径之一,重点是在试点探索基础上,强化相关顶层设计,完善相关交易机制,扩大市场交易量。通过政府管控或设定限额的形式,创造权益交易的供给和需求,合法合规开展森林覆盖率等资源权益指标交易。基于碳排放权、碳汇权益、排污权、用能权、水权等生态资源权益交易的实践探索,持续完善资源交易平台建设,推进各类生态资源权益交易。

八、请问如何健全生态产品保护补偿机制?

生态保护补偿机制实质上是对生态产品供给地区为履行

生态保护责任所损失的发展权的合理补偿,通过明确生态保护补偿和环境损害赔偿的对象、标准、模式等,实现"谁保护谁受益""谁破坏谁赔偿"。

一是完善纵向生态保护补偿制度。参照生态产品价值核算结果、生态保护红线面积等因素,完善重点生态功能区转移支付机制。为解决政策和资金"撒胡椒面"、难以形成合力的问题,鼓励地方在合法合规的前提下,统筹生态环境领域转移支付资金,通过设立市场化的产业发展基金等方式,支持基于生态环境系统性保护修复的生态产品价值实现工程建设。为拓宽生态保护补偿资金来源,探索通过企业生态债券和社会捐助等方式,吸引社会资本参与生态保护补偿。在主要提供生态产品的地区,通过设立生态管护员、护林员公益岗位等方式,让直接参与守护绿水青山的居民获得补偿。

二是建立横向生态保护补偿机制。按照自愿协商的原则,综合考虑生态产品价值核算结果、生态产品实物量及质量等因素,开展区域间横向生态保护补偿。依据出入境断面水量和水质监测结果等,开展重点流域横向生态保护补偿。探索异地开发补偿模式,在生态产品供给地和受益地之间相互建立合作园区,健全利益分配和风险分担机制。

三是健全生态环境损害赔偿制度。就是要让占有生态资源和破坏生态环境的行为付出相应的代价,关键是推进生态环境损害成本内部化,加强生态环境修复与损害赔偿的执行监督,完善生态环境损害行政执法与司法衔接机制。完善污水、垃圾处理收费机制,合理制定和调整收费标准。开展生态环境损害评估,健全生态环境损害鉴定评估方法和实施机制。

九、请问如何健全生态产品价值实现保障机制?

生态产品价值实现涉及各方面、多领域的改革创新,需要强化政策配套支持。生态产品价值实现保障机制就是建立针对政府、社会主体、金融机构等方面参与生态产品价值实现的激励机制,确保生态产品价值实现工作有序推进。

一是建立生态产品价值考核机制。发挥"指挥棒"作用,在总结深圳市盐田区、浙江丽水等地开展生态产品价值核算考核实践的基础上,探索将生态产品总值指标纳入地区高质量发展综合绩效评价范畴,推动落实在以提供生态产品为主的重点生态功能区取消经济发展类指标考核,重点考核生态产品供给能力、环境质量提升、生态保护成效等方面指标,适时对其他主体功能区实行经济发展和生态产品价值"双考核"。推动生态产品价值核算结果作为领导干部自然资源资产离任审计的重要参考。

二是建立生态环境保护利益导向机制。构建"生态环境保护者受益、使用者付费、损害者赔偿"的利益导向机制,推动形成各方共同参与生态环境保护的良好氛围。建立生态积分体系,依据生态环境保护贡献赋予相应积分,并根据积分情况提供生态产品优惠服务和金融服务。引导各地建立多元化资金投入机制,鼓励社会组织建立生态公益基金,激发各类主体保护修复生态环境的内生动力。充分发挥环境税、资源税

的利益引导作用。在符合相关法律法规基础上探索规范用地
供给,盘活土地资产,服务于生态产品可持续经营开发。

三是加大绿色金融支持力度。金融服务是生态产品价值
实现的重要支撑和资金保障。首先要创新绿色金融产品,依
法依规开展使用权抵押、产品订单抵押等绿色信贷业务,探索
"生态资产权益抵押+项目贷"模式,在具备条件的地区鼓励
探索"古屋贷"等金融产品。其次要提升金融服务水平,鼓励
政府融资担保机构为符合条件的生态产品经营开发主体提供
融资担保服务,加大对生态产品经营开发主体中长期贷款支
持力度。再次要开辟绿色金融新领域,探索生态产品资产证
券化路径和模式,助推生态产品价值实现。

十、请问如何建立生态产品价值实现推进机制?

建立生态产品价值实现推进机制旨在建立完善各方面保
障措施,形成整体工作合力,及时解决推进过程中出现的重
点、难点问题,确保各项工作落地见效。

一是加强组织领导。重点是按照中央统筹、省负总责、市
县抓落实的总体要求,加大工作推进力度。由国家发展改革
委牵头统筹协调,各有关部门和单位按照职责分工,制定切实
可行的相关配套政策和制度。各地应因地制宜制定工作方
案,找准工作着力点,分阶段、分步骤推动工作,确保各项政策
制度精准落实。

二是推进试点示范。建立健全生态产品价值实现机制是
一项复杂的系统工程和全新的改革任务,需要试点先行、示范

推广。国家层面统筹抓好试点示范工作,选择跨流域、跨行政区域和省域范围内具备条件的地区,开展生态产品价值实现机制试点,并选择试点成效显著的地区,打造一批生态产品价值实现机制示范基地。国家发展改革委会同有关部门梳理汇编典型示范案例,制定推广经验清单,在全国范围内推广经验做法。

三是强化智力支撑。生态产品价值实现机制涉及多个学科领域,需要加大专业智力支持力度。依托高等院校和科研机构,加强对生态产品价值实现机制改革创新的研究,强化相关专业建设和人才培养,培育跨领域、跨学科的高端智库。组织召开国际研讨会、经验交流论坛,开展生态产品价值实现国际合作。

四是推动督促落实。将生态产品价值实现工作推进情况作为评价党政领导班子和有关领导干部的重要参考。有关部门要系统梳理生态产品价值实现相关现行法律法规和部门规章,适时进行立改废释。国家发展改革委会同有关方面定期对《意见》落实情况进行评估,重大问题及时向党中央、国务院报告。

附录 C 生态产品价值实现机制 试点地区经验做法

一、浙江省丽水市生态产品价值 实现机制试点经验

丽水市是习近平总书记"绿水青山就是金山银山"理念的重要萌发地和先行实践地。2018年4月26日,习近平总书记在深入推动长江经济带发展座谈会上指出,浙江丽水市多年来坚持走绿色发展道路,坚定不移保护绿水青山这个"金饭碗",努力把绿水青山蕴含的生态产品价值转化为金山银山,生态环境质量、发展进程指数、农民收入增幅多年位居全省第一,实现了生态文明建设、脱贫攻坚、乡村振兴协同推进。2021年,丽水市生态环境状况指数连续18年蝉联全省第一,全市农民人均可支配收入增幅连续13年位居全省第一。跨

行政区域河流断面水质、县级以上集中式饮用水水源地水质达标率均为100%。丽水市空气优良率为99.7%,9个县(市、区)城市环境空气质量均达到国家二级标准。其中空气环境质量在全国168个重点城市中排名第七,水环境质量在全国339个地级及以上城市中排名第十,使得丽水成为全国唯一一个水、气环境质量排名同时进入前十的地级市。全市实现地区生产总值1710.03亿元,增长8.3%;城乡居民人均可支配收入分别达到53259元和26386元,分别增长9.7%和11.6%,实现GDP和GEP协同较快增长。

(一)建立生态产品价值核算评估应用体系,破解"绿水青山"度量难问题。建立科学合理、普遍适用和各界认可的生态产品价值核算技术方法,是探索生态产品价值实现有效路径的基础。针对生态系统功能类型多、属性差异大、量化评估难的问题,丽水创新出台了全国首个山区市生态产品价值核算技术小法,发布《生态产品价值核算指南》地方标准,开展市、县、乡(镇)、村四级GEP核算,为推动生态产品从"无价"到"有价"提供了科学依据。2020年10月,在总结丽水实践成果基础上,浙江省发布了全国首部《生态系统生产总值核算技术规范陆域生态系统》省级GEP核算标准。同时,丽水以价值核算与实践探索为基础,研究制定《关于促进GEP核算成果应用的实施意见》,推进GEP进规划、进决策、进项目、进交易、进监测、进考核。将GEP和GDP作为"融合发展共同体"一并确立为核心发展指标纳入"十四五"规划和年度计划。建立 GDP 和 GEP 双考核机制,制定《丽水市 GEP 综合考评办法》,将 5 个一级指标、18 个二级指标、91 个三级指标纳入综合考核,开展生态产品价值实现机制试点专项审计,明确各地各部门在提供优质生态产品方面的职责责任。

(二)构建生态产品市场交易体系,破解"绿水青山"交易难问题。生态产品的外部性、非排他性和产权制度的不完善,导致生态产品的供给主体不明、需求缺位和"生态有价、却无偿使用",难以自发形成交易市场。丽水坚持政府和市场协同发力,努力构建政府有为、市场有效的生态产品交易市场,不断拓宽市场化的生态产品价值高效实现路径。

一是坚持政府主导,建立生态产品政府购买机制。以公共生态产品政府供给为原则,建立基于 GEP 核算的生态产品政府购买机制,明确政府向"两山合作社"等市场主体购买调节服务类生态产品。制定出台丽水市(森林)生态产品政府采购制度,统筹省财政奖补资金和市、县配套资金,建立"资金池"保障和推进生态产品政府购买。建立瓯江流域上下游生态保护补偿,市域内瓯江干流 7 县(市、区)每年设立横向生态保护补偿资金 3500 万元,通过水质、水量、水效综合测算指数分配补偿资金。同时,积极推广生态产品政府购买改革的经验模式,将采购范围由试点乡镇扩展至全市所有乡镇。

二是充分发挥市场作用,构建生态产品市场交易机制。积极培育市、县两级"两山合作社"以及乡镇级"生态强村公司"等市场主体。全面构建市、县两级"1+9+N"两山合作社建设体系,制定《加快"两山合作社"建设运营助推生态产品价值实现的若干意见》等系列文件,建立生态产品交易数字化平台,并以此为基础推动生态资源收储、开发、交易等运营活动。截至2021年12月,全市农村产权线上交易累计5679宗,交易金额约8.9亿元,其中涉及重要的土地承包经营权3696宗,成交金额3.7亿元;林权701宗,成交金额1.04亿元;农房使用权583宗,成交金额8406.41万元;村集体物业644宗,成交金额6629.66万元。研究制定丽水(森林)生态产品市场交易制度,建立一级、二级交易市场,构建了反映市场供求、体现自然生态价值的市场交易体系,引导生态产品利用型企业对项目生态溢价付费。

三是创新"两山金融",解决生态产品融资的"信用背书"问题。丽水在农村金融改革基础上创新绿色金融体系,印发《关于金融助推生态产品价值实现的指导意见》,创新推出与生态产品价值核算相挂钩的"生态贷""GEP贷"金融产品,通过对生态产品权属的授权登记、价值评估,以及生态产品政府购买和市场交易的未来收益,实现GEP可质押、可变现、可融资。截至2021年末,全市发放的"生态贷""两山贷"余额分别为235亿元、16亿元。首创生态信用构建全民参与的生态保护体系,实行"绿谷分"(信用积分)动态量化评分管理,推出"信易游""信易购"等10大类53项守信激励创新应用场景,以生态信用推动全社会不断增强生态保护意识。基于生态信用体系创新,丽水市在全国城市信用监测排名从2017年第 207 位提升到 2021 年的第 9 位。探索设立多种农产品收益保险,推出全国首创的食用菌种植保险、雪梨花期气象指数保险、皇菊采摘期低温气象指数保险、茶叶低温气象指数及茶树综合保险等特色农产品保险,其中茶叶低温气象指数保险已扩展至 5 个县,承保亩数 1. 31 万亩。

(三)创新生态产品价值实现路径,破解"绿水青山"转化难问题。丽水以产业为载体,将生态产品与独特的自然资源、工业产业、历史文化资源等相结合,努力变生态要素为生产要素、生态价值为经济价值、生态优势为发展优势,以优越生态环境提升产品生态溢价、提高市场竞争力,实现生态产品价值。

一是创新产业实现路径。实施严格的产业准入制度,在全省率先推行工业企业进退场"验地、验水"制度,确保区域内污染场地及时修复、安全利用。充分发挥好山好水好空气等生态优势,因地制宜引进和培育了德国肖特、国镜药业、凯恩纸业等一批环境敏感型产业。创新"飞地互飞"机制,与上海、杭州、宁波等地建立"生态飞地""科技飞地""产业飞地",通过政策互惠、以地易地模式,合作探索生态产品价值异地转化。

二是创新古村复兴模式。开展古村复兴和"拯救老屋"行动,在不破坏村落整体形态的前提下,对富含历史文化的建筑、民居进行保护和二次开发,复活传统村落整村风貌、文化基因。依托古村发展乡间客栈、文化驿站等乡村旅游新业态,有效激活农村闲置资源,解决了古村、农房等闲置资源变资产、资产变资本问题,促进了广大农民增收。

三是培育"山"字系品牌。打造特色鲜明的生态产品区域公用品牌。以"丽水山耕""丽水山景""丽水山居"等"山"字系品牌培育和生态产品标准化建设,提升生态产品附加值。创立全国首个覆盖全区域、全品类、全产业的地级市区域公用品牌"丽水山耕",解决了困扰零散农业主体的标准化、产品营销、冷链加工、物流配送等难题,有效提升了产品质量、生态溢价。以"丽水山景"为主打品牌加快发展全域旅游,建成5A级景区1个、4A级景区23个,打造瓯江山水诗路黄金旅游带。注册全国首个民宿区域公用品牌集体商标"丽水山居",发布"丽水山居"放心民宿服务标准,全域化布局、多样化推进、品质化提升民宿产业。针对中高端水产品的需求,推出"丽水山泉"区域品牌。

(四)完善生态产品供给能力体系,破解"绿水青山"可持续问题。生态产品是生态环境的产物,良好生态系统是优质生态产品供给的基础。丽水着力构建分类科学、布局合理、保护有力、管理有效的以国家公园为主体的自然保护地体系,统筹推进自然资源优化配置和资产保值增值,提升生态产品供给能力。

一方面,构建完备的生态管控体系。按照国家公园的理念和标准,系统推进百山祖国家公园创建,发布"三线一单"生态环境分区管控方案,将全市75.67%的国土面积规划为生态优先保护空间,确保重要自然生态系统、自然遗迹、自然景观和生物多样性得到系统性保护。建立实时在线、覆盖全域的"花园云"生态环境智慧监管平台,推进"天眼守望"卫星遥感数字化服务平台建设,构建"空、天、地"一体化的生态产品空间信息数据资源库,实现涉水、涉气、污染源排放等生态治理数字化协同监管。成立全国首个生态环境健康体检中心——浙西南生态环境健康体检中心,以重点流域、区域、行业等为着力点,开展生态环境监测和评估,为生态文明建设和环境管理提供技术支撑。

另一方面,建立"两山智库"人才科技集聚平台。与中科院生态环境研究中心、清华大学、美国斯坦福大学等国内外顶尖科研院所合作推进"两山智库"建设,聘请美国科学院院士格蕾琴·戴利等6位专家担任绿色发展顾问,深化生态产品价值实现机制理论研究、开展实践指导。联合中科院等科研机构共建中国(丽水)两山学院,联合信息化百人会共建生态经济数字化工程(丽水)研究院。此外,全面推动企业和社会各界参与。丽水市人民代表大会常务委员会作出《关于推进生态产品价值实现机制改革的决定》,把国家试点转化为全市人民的共同意志和行动。先后推进19个示范乡镇、33家示范企业、9个生态文化示范校园、27个示范社区(村)、1个示范医院建设。积极推进生态文化进校园、生态知识进教材、生态课程进课表,大力倡导绿色低碳循环的发展方式和生活方式,进一步弘扬生态文化,树立生态意识,增强生态责任,为完成试点各项任务提供坚实保障。

二、江西省抚州市生态产品价值实现机制试点经验

抚州市是我国华东地区的重要生态屏障,境内抚河流域是鄱阳湖水系的重要组成部分。全市森林资源丰富,森林覆盖率高达 67.2%。地表水质量以 I—II 类水体为主,河流断面水质常年在二级以上。生态环境独具特色,拥有各类自然保护区、风景名胜区、森林公园和湿地公园 60 余处,生物多样性丰富,是国家园林城市、国家森林城市。素有"赣抚粮仓"之称,享有"瓜果飘香、物华天宝"之誉。抚州市开展试点以来,积极探索生态产品价值实现路径,加快打通绿水青山和金山银山的转化通道,试点工作取得成功经验并向全国推广。

(一)完善自然资源确权登记机制。积极推进自然资源确权登记,着力解决自然资源资产产权不清晰、权责不明、权益不落实、开发利用的收益与保护修复责任不对称等问题,为生态资源可持续利用、保护与修复奠定基础。一是编制自然资源资产负债表。对全市土地、林木和水资源等生态资产实物量和价值量账户进行统计,核算出各地自然资源资产的存量、质量及其变动情况。二是推进农地确权颁证。针对农地

三年一小调、五年一大调、确权面积与实际耕种面积不一致等问题，坚持稳妥推进和风险可控相结合，将经营权单独剥离出来，创新颁发果园证、茶园证等经营权证。三是推进林权确权颁证。扎实推进全国清理规范林权确权登记历史遗留问题试点工作，围绕清理规范历史遗留问题、林权登记和管理信息化、林权地籍调查方法创新等开展有益探索，取得"五个首次"重要成果，即首次取得成系统成体系的成果；首次创新提出"落大宗发小证"的做法；首次提出建立林权登记初始库，厘清工作流程，明晰任务标准；首次明确各类问题的处理步骤和办法；首次实现登记机构与林业部门登记信息的数据交互共享、协同推进，探索实行林权流转合同签署和登记多事一办、一链办理。

（二）构建生态产品价值核算体系。积极探索构建生态产品价值核算体系，着力解决体系建设滞后、价值无法有效估算等问题。一是建立生态产品价值核算评估办法。委托中科院生态环境研究中心根据抚州市生态资源基础数据，综合考虑生态系统服务价值、生态保护成本、发展机会成本等，在自然资源资产负债表试点经验基础上，设定 12 项核算指标、22 个核算科目，从功能量和价值量两个方面开展生态产品价值核算，建立科学统一的生态产品价值核算评估办法。同时，按照"1+1+N"（1 套精算系统、1 个服务平台、N 组价值实现模块）总体思路，遵循《江西省生态产品总值核算规范（试行）》，积极搭建全市域 GEP 精算平台。二是建立自然资源资产价值评估机制。农地方面,出台《抚州市农村承包土地经营权抵押贷款价值评估指导办法》,分县(区)确定农村承包土地经营权(一年期)收益参考价格(双季稻)和农村承包土地经营权(一年期)收益参考价格(经济作物),分乡镇确定农村承包土地经营权(一年期)流转参考价格,在实际操作中根据拟抵押贷款土地的利用情况选择适宜的计价方法。林地方面,出台《抚州市林权抵押贷款价值评估指导办法》,规定林权抵押贷款价值评估由借贷双方按照各县(区)林权抵押贷款价值评估基准价制定成果、现场测量或依据资源监测数据情况和林木采伐情况实际测算方式自行协商决定,有效解决了森林资源评估价格虚假、林权抵押不良贷款率偏高的问题。

(三)健全生态产品经营开发机制。推进生态产业化和产业生态化,依托优质生态资源发展生态友好型产业,拓展生态产品市场化价值实现路径。一是完善生态资源交易体系。在全国率先制定市域生态资产交易管理办法,建立完善生态资产交易系统,开设275个市县乡三级账号并接入"赣服通"和江西省公共资源交易网,市、县两级设置生态资产交易大厅,乡镇依托便民服务中心,引导各方参与交易;推广资溪"两山"转化中心标准化运营模式,参照政务服务大厅的模式,由国有平台控股的运营公司运营,设立生态资产申请(登记)、生态资产(产品)评估、生态产品交易、绿色金融服务、资产收储(运营)、政策服务等6个功能窗口。二是探索水资源市场化利用。选择流域水资源丰富、生态条件较好的河段开展河道水域经营权改革,引入市场主体参与河道环境整治、渔业资源发展,实现"以河养河"目标;积极推进用水权交易,宜黄、广昌先后完成全国首例工业用水户水权交易和全省首例水资源取水权交易。三是开展"湿地银行"交易试点。推动湿地生态治理市场化运作,南丰、资溪、临川等县(区)有序开展"湿地银行"建设试点,截至 2022 年 9 月底,试点县(区)建立湿地后备资源面积 4.78 万亩,湿地斑块数 1734 个;按照"调查、评估、收储、交易"的程序,签订湿地收储协议 279 份,收储面积 6684 亩,完成湿地"占补平衡"交易 4 起。四是打造生态产品区域公用品牌。立足得天独厚的生态本底,围绕"一县一业""一村一品"特色产品,以"区域公用品牌+企业产品品牌"的母子品牌战略为主线,打造"赣抚农品"区域公共品牌,探索出一条差异化、特色化和品质化的品牌发展路线。建立完善区域品牌标准认证体系,建设"赣抚农品"质量溯源体系平台,实现检测、认证、咨询等一站式服务,2022 年 1-9 月,"赣抚农品"销售收入达 14.86 亿元、产品溢价达 15%。五是利用生态资产探索资本运作。打造文昌里历史文化街区、资溪大觉山等一大批文旅融合项目。乐安金竹畲族乡以森林、瀑布等资源入股,与社会资本合作开发生态旅游,享有景区门票收入 30% 的分红,近四年分红达 100 余万元,有力支持村集体经济发展和村民增收致富。

（四）创新绿色金融产品和服务。在全面推进自然资源统一确权登记基础上，大力开展权益类生态资产抵质押贷款试点。一是探索开展生态资源收益权质押贷款。资溪县针对本地大量的公益林无法抵押变现问题，成功发放江西省首单公益林收益权质押贷款447万元；金溪县探索传统村落市场化利用模式，推出"古村落金融贷"，获银行贷款12.14亿元；广昌县以砂石收益权质押贷款，获银行贷款5.3亿元，用于抚河水源地保护和广昌段抚河两岸生态修复。二是探索开展生态资源抵押贷款。建设银行抚州分行向抚州种养殖大户、专业合作社、农场、涉农企业发放土地承包经营权抵押的"地押云贷"4.33亿元；向6个县区农户发放油茶林抵押"油茶贷"1362万元，支持经营主体用于扩大种植或抚育油茶林。三是建立"信用+多种经营权抵押贷款"模式。建设银行抚州分行依托市公共信用平台，推进林农快贷、云电贷、云税贷等纯信用贷款产品，为小微企业、个体工商户、农户、农村经济组织发放贷款16亿元。四是推动绿色信贷产品创新。东乡区创新推出"畜禽智能洁养贷"贷款模式，完成23家企业的贷款审批，总金额达7160万元；推出"政府+银行+担保+保险"四位一体的"生态信贷通"信贷产品，发放江西省首单"生态信贷通"贷款。五是创新碳金融产品。2022年上半年，抚州市运用央行碳减排支持工具获批资金13.38亿元，推出"碳减排贷""保险+科技+服务""碳汇+保险"模式，"碳汇林价值保险""碳汇价格指数保险"落地生效。六是创新生态信用体

系。出台企业生态信用评价、个人生态信用积分和生态信用
行为正负面清单等文件,为生态信用成果在绿色金融等方面
的应用奠定基础。

后　记

　　《〈关于建立健全生态产品价值实现机制的意见〉辅导读本》,是第一部权威解读中共中央办公厅、国务院办公厅《关于建立健全生态产品价值实现机制的意见》的重要文献,对各地深入学习贯彻习近平生态文明思想、积极探索绿水青山转化为金山银山的路径模式提供了重要参考借鉴。

　　本书编写过程中得到了国家发展改革委基础司郑剑、王善成等同志及投资司罗国三同志、环资司刘德春同志的理论支持,得到了中国科学院生态环境研究中心欧阳志云团队、中国宏观经济研究院李忠团队、生态环境部环境规划院王金南团队、中国标准化研究院、浙江省发展规划院、复旦规划建筑设计研究院、北京第二外国语学院、东华理工大学等有关单位和专家学者的技术支持,教育部、科技部、工业和信息化部、民政部、司法部、财政部、人力资源社会保障部、自然资源部、生态环境部、住房城乡建设部、水利部、农业农村部、商务部、文化和旅游部、人民银行、审计署、税务总局、市场监管总局、统计局、中科院、社科院、工程院、银保监会、证监会、林草局以及各省、自治区、直辖市、新疆生产建设兵团发展改革委等有关方面也给予了积极支持,在此一并表示感谢。

国家发展和改革委员会

二〇二二年十一月

策划编辑:陈光耀

责任编辑:郑　治

封面设计:汪　阳

图书在版编目(CIP)数据

《关于建立健全生态产品价值实现机制的意见》辅导读本/国家发展
　和改革委员会编写;胡祖才主编. —北京:人民出版社,2023.1
　ISBN 978－7－01－025375－6

Ⅰ.①关…　Ⅱ.①国…　②胡…　Ⅲ.①生态经济-中国-
　学习参考资料　Ⅳ.①F124.5

中国国家版本馆 CIP 数据核字(2023)第 002122 号

《关于建立健全生态产品价值实现机制的意见》辅导读本

GUANYU JIANLI JIANQUAN SHENGTAI CHANPIN JIAZHI
SHIXIAN JIZHI DE YIJIAN FUDAO DUBEN

国家发展和改革委员会编写　胡祖才主编

人民大版社 出版发行

(100706　北京市东城区隆福寺街 99 号)

北京汇林印务有限公司印刷　新华书店经销

2023 年 1 月第 1 版　2023 年 1 月北京第 1 次印刷

开本:880 毫米×1230 毫米 1/32　印张:8.25

字数:162 千字

ISBN 978－7－01－025375－6　定价:39.00 元

邮购地址 100706　北京市东城区隆福寺街 99 号

人民东方图书销售中心　电话 (010)65250042　65289539